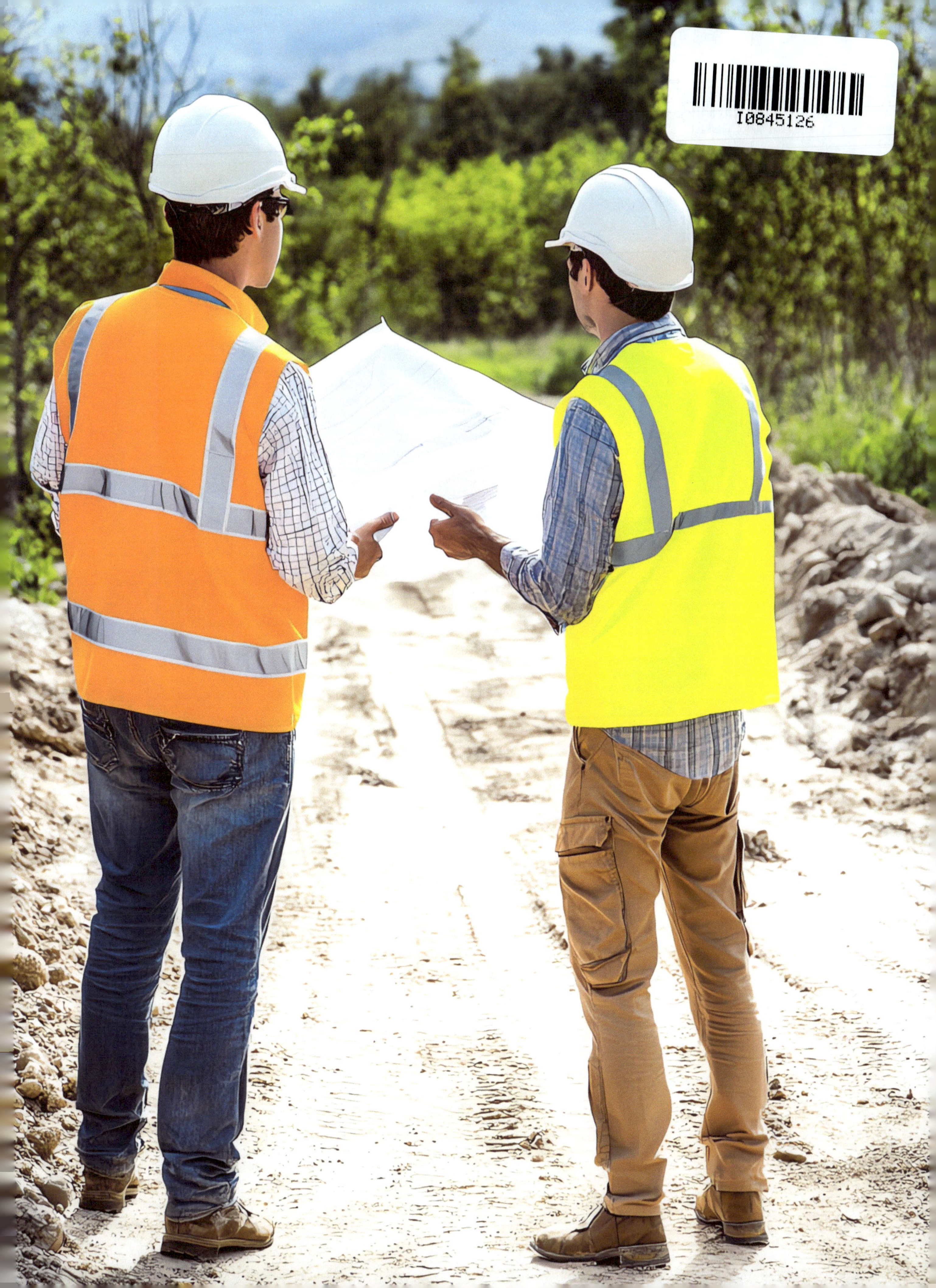
I0845126

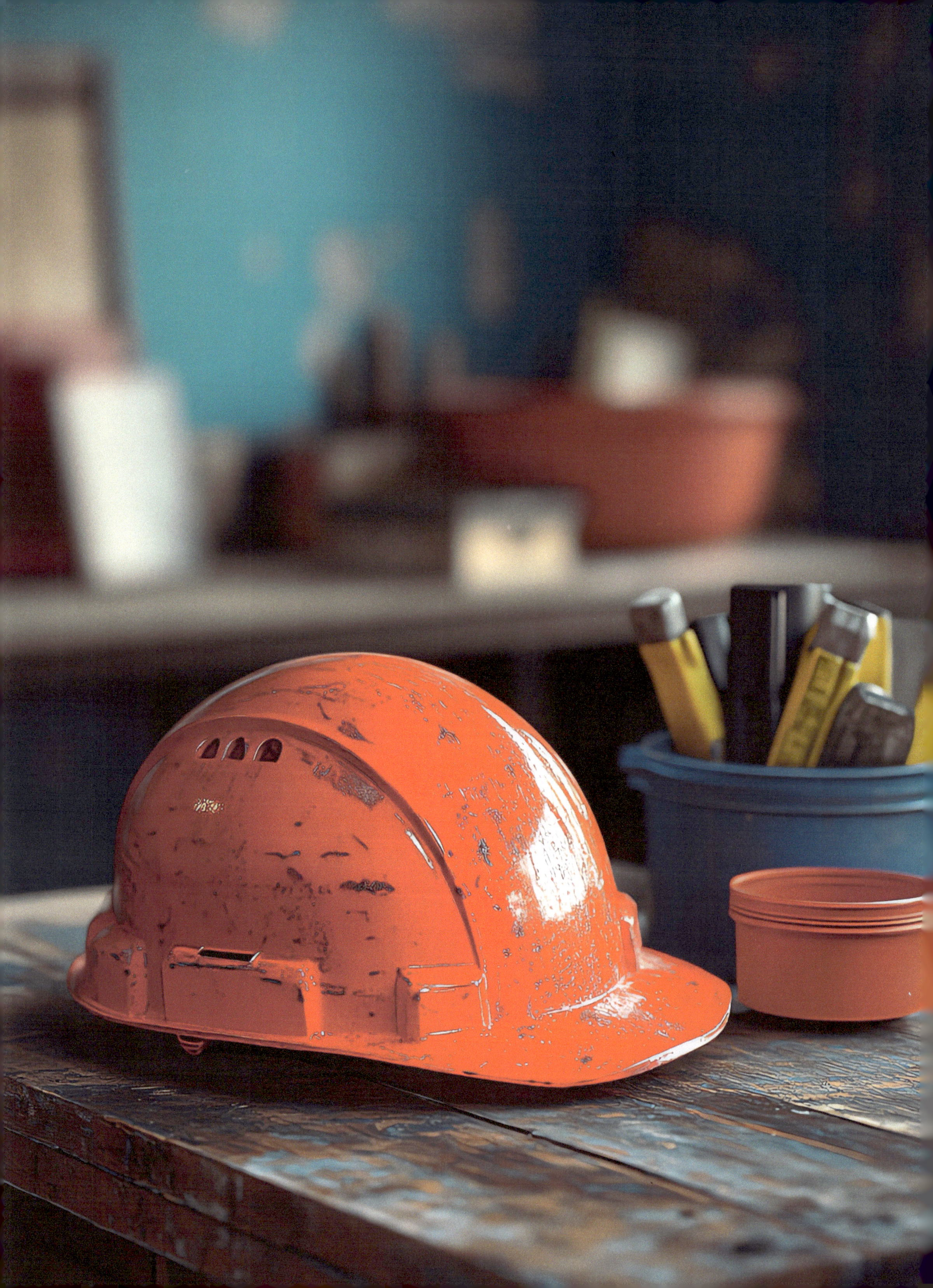

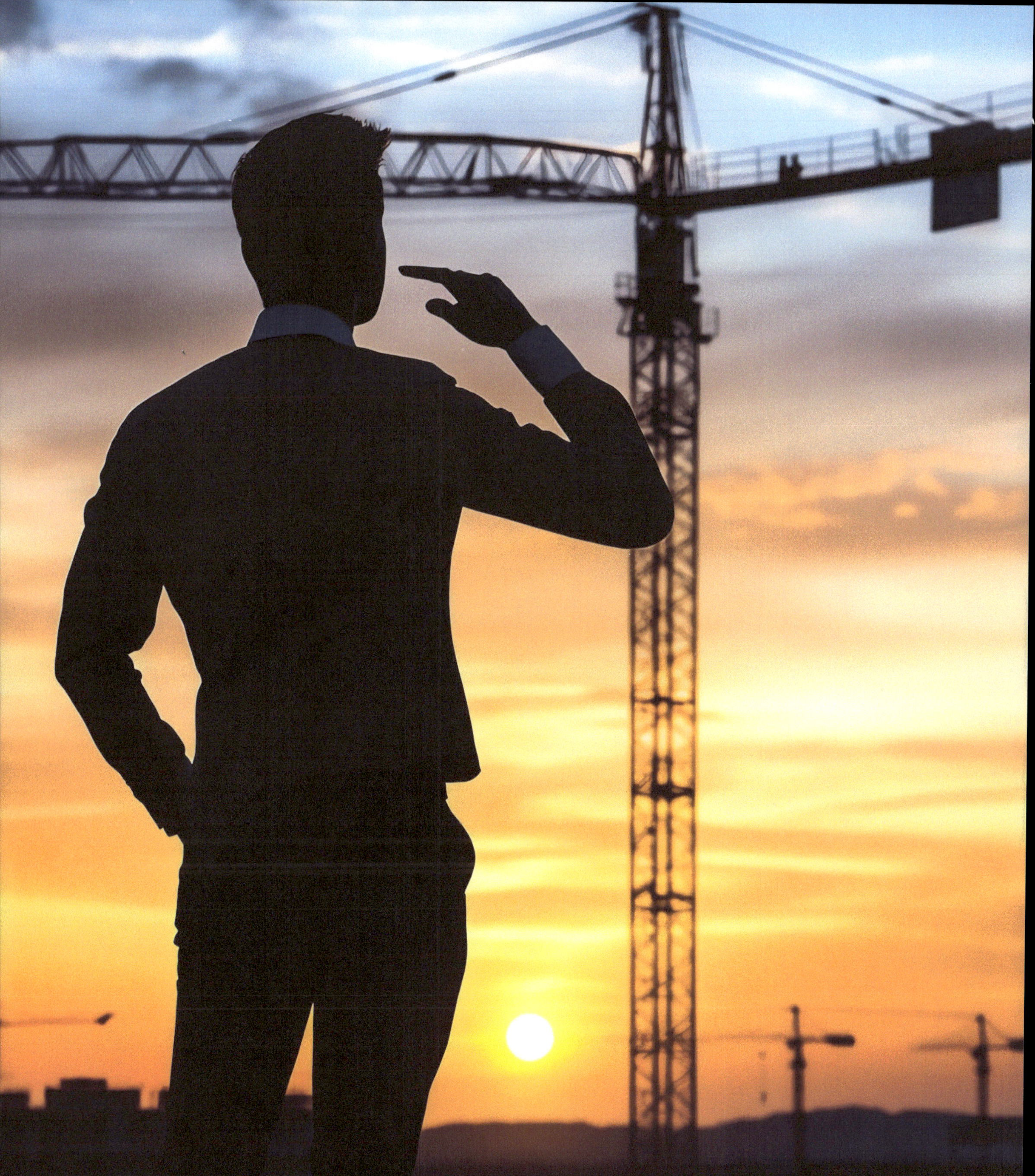

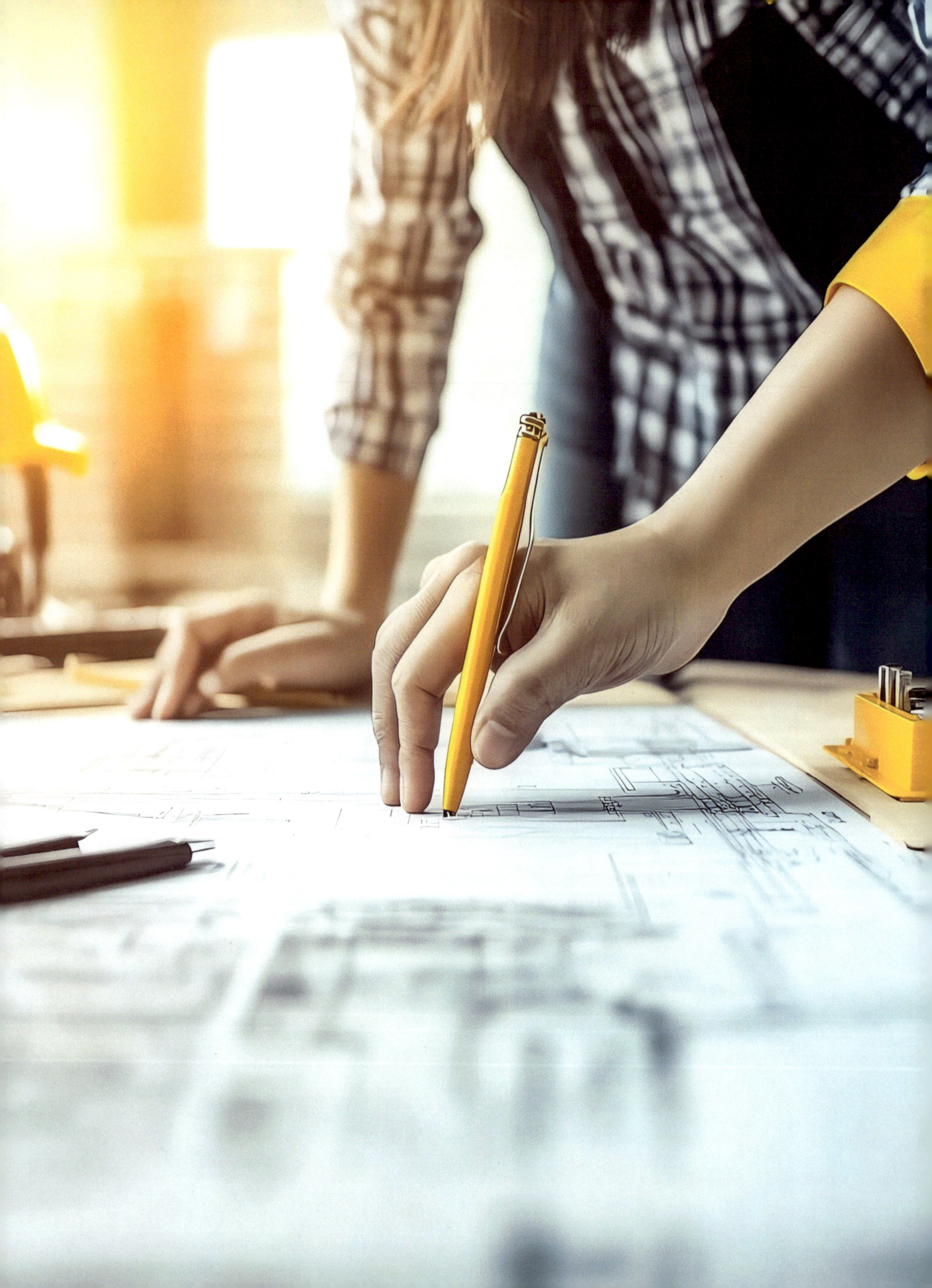

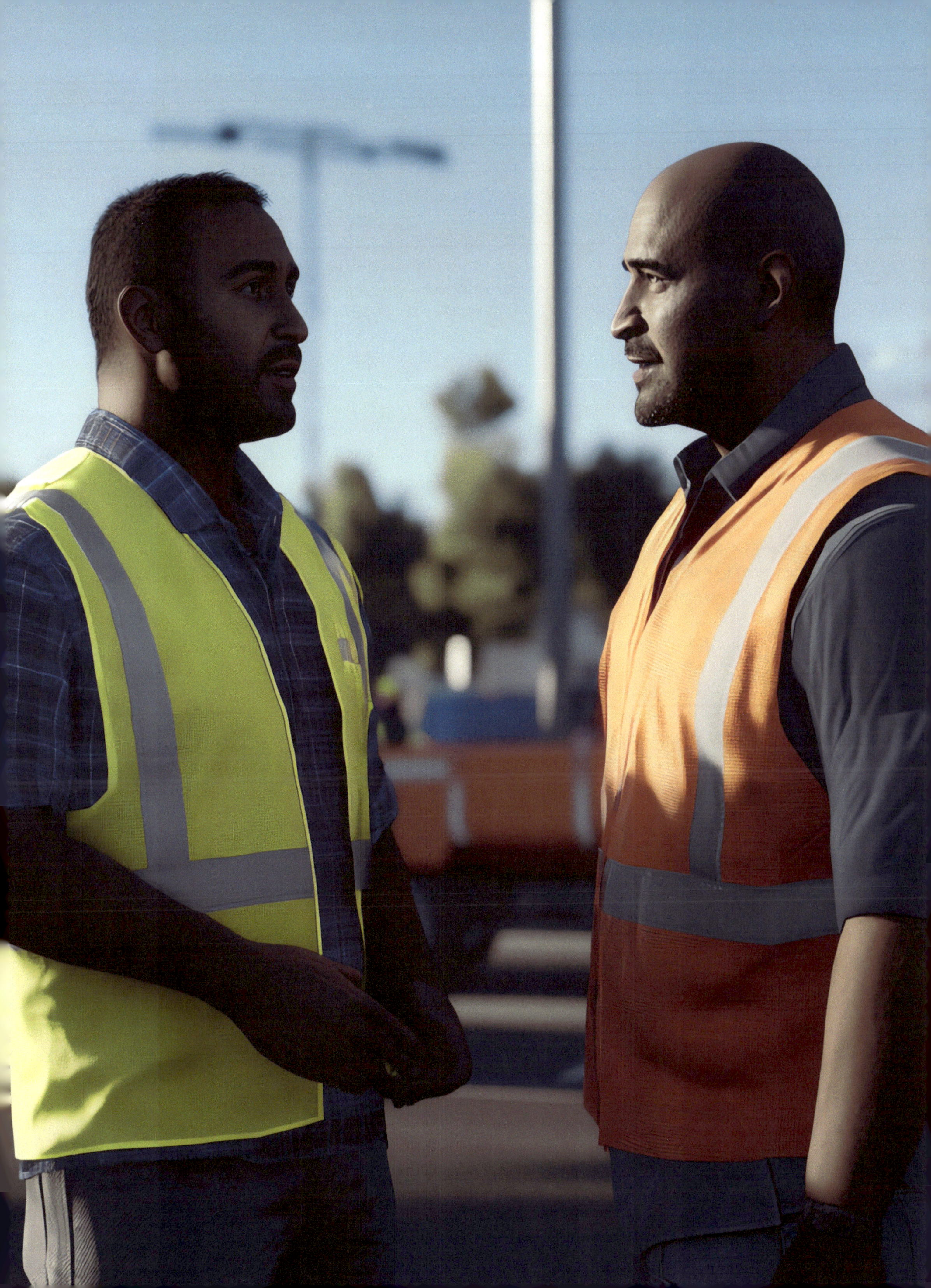

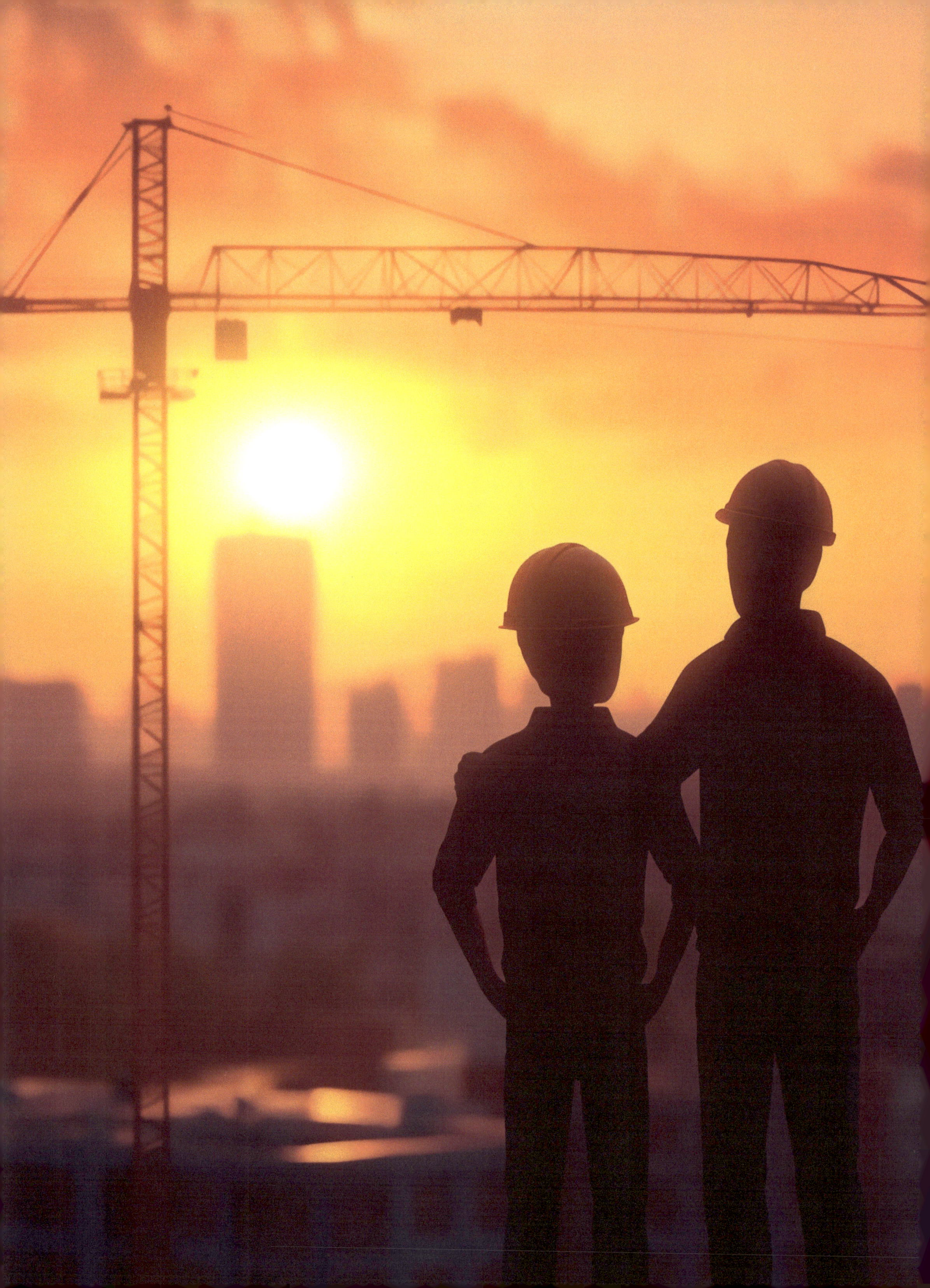

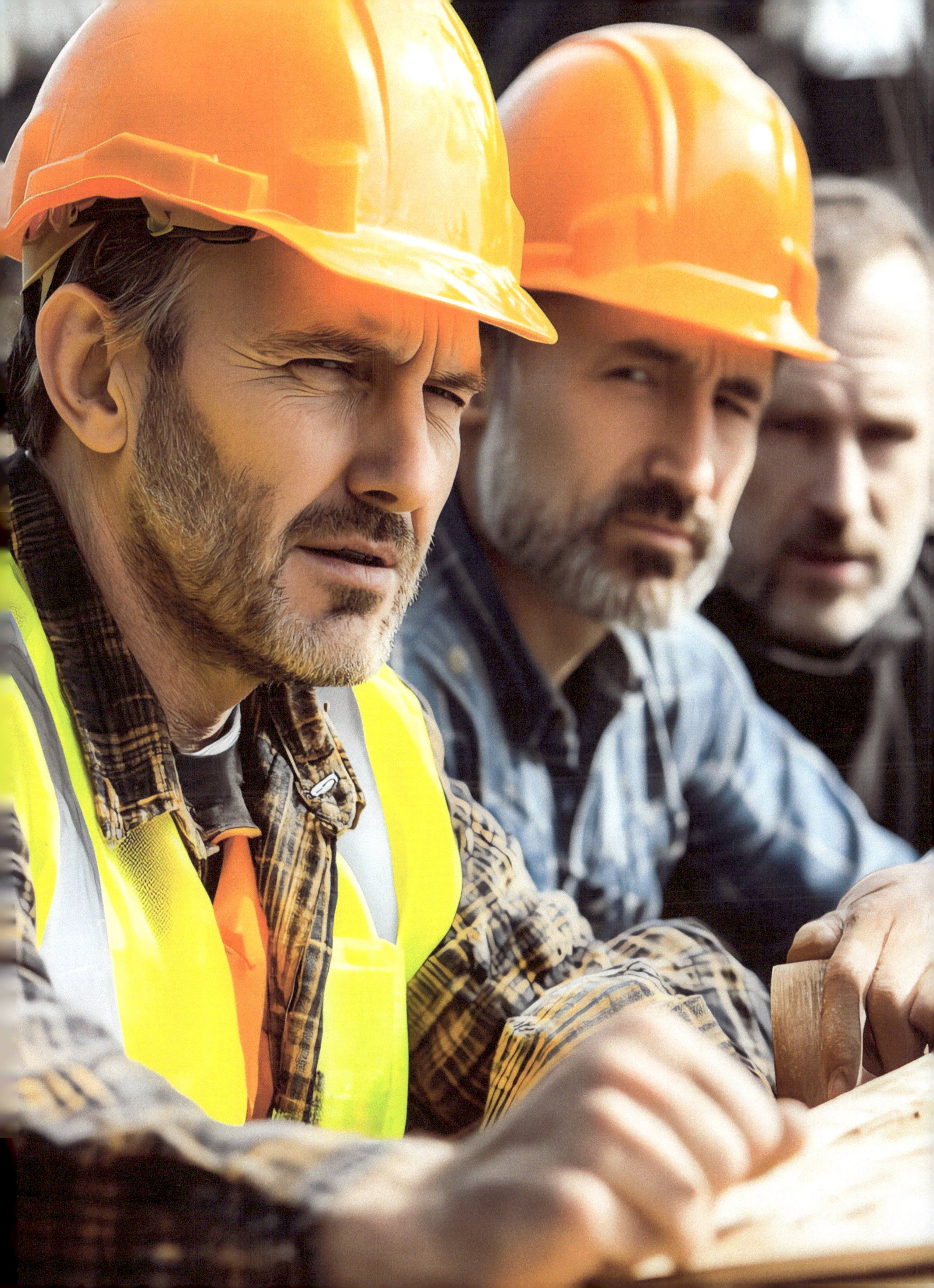

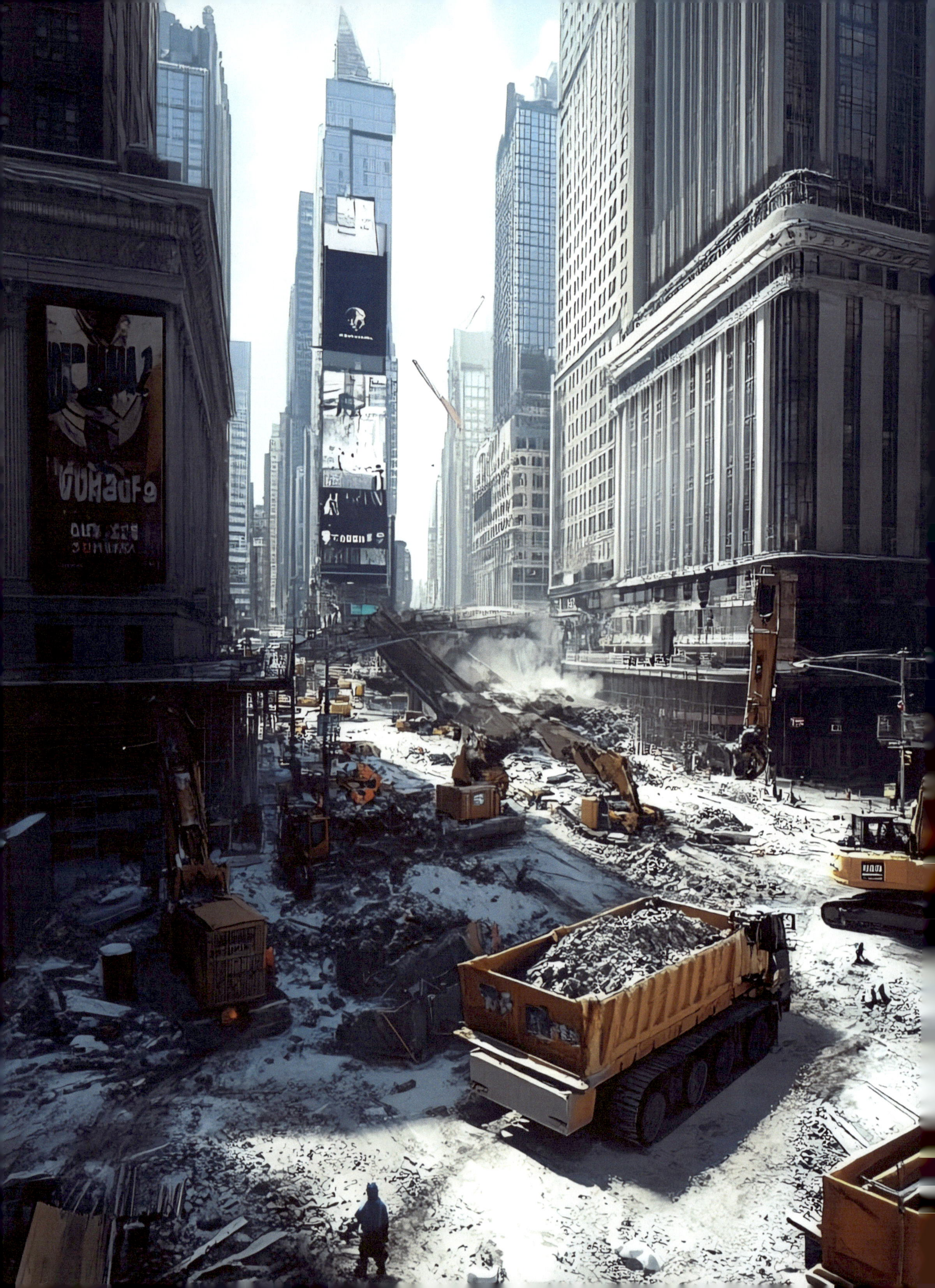

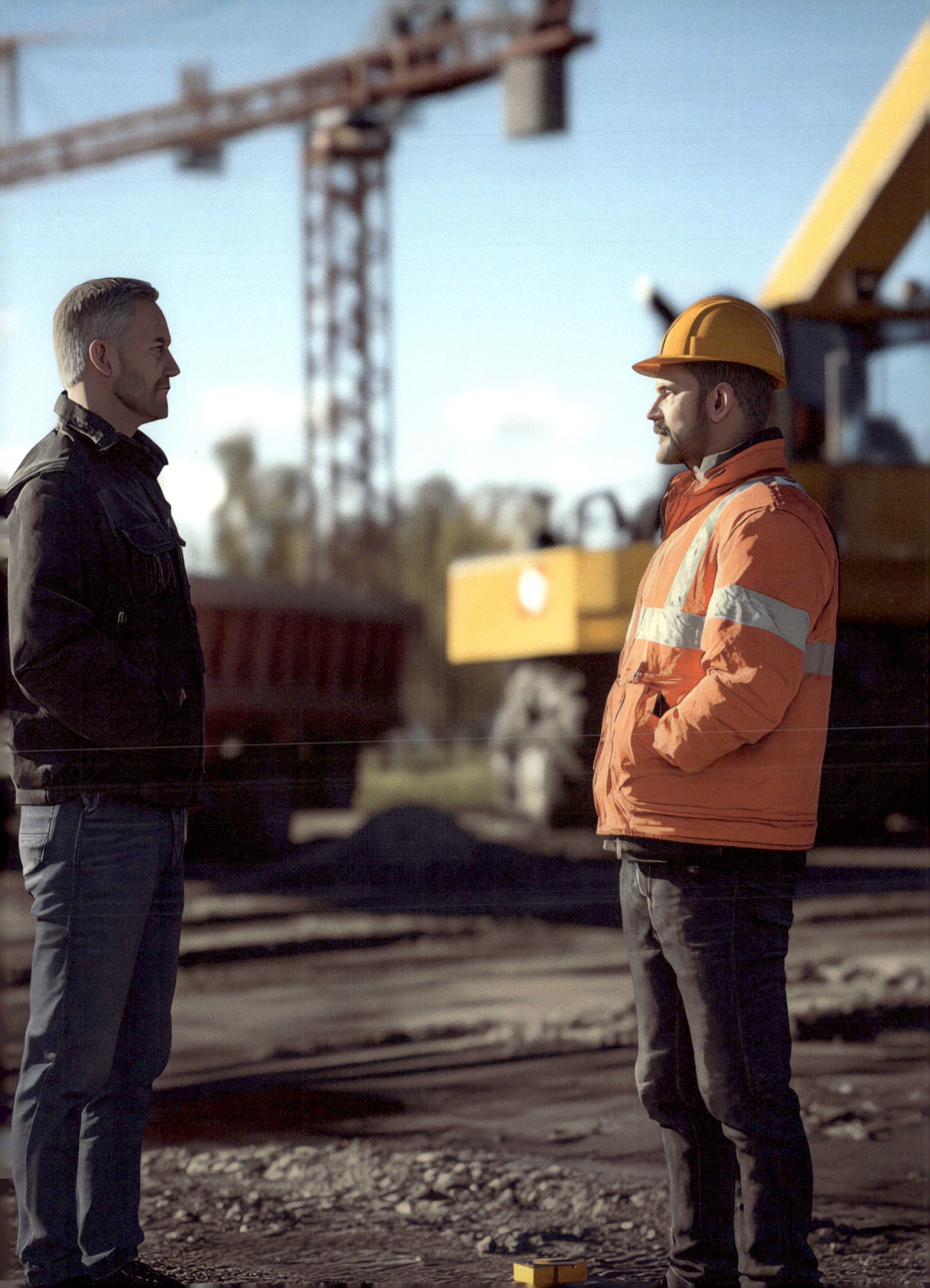

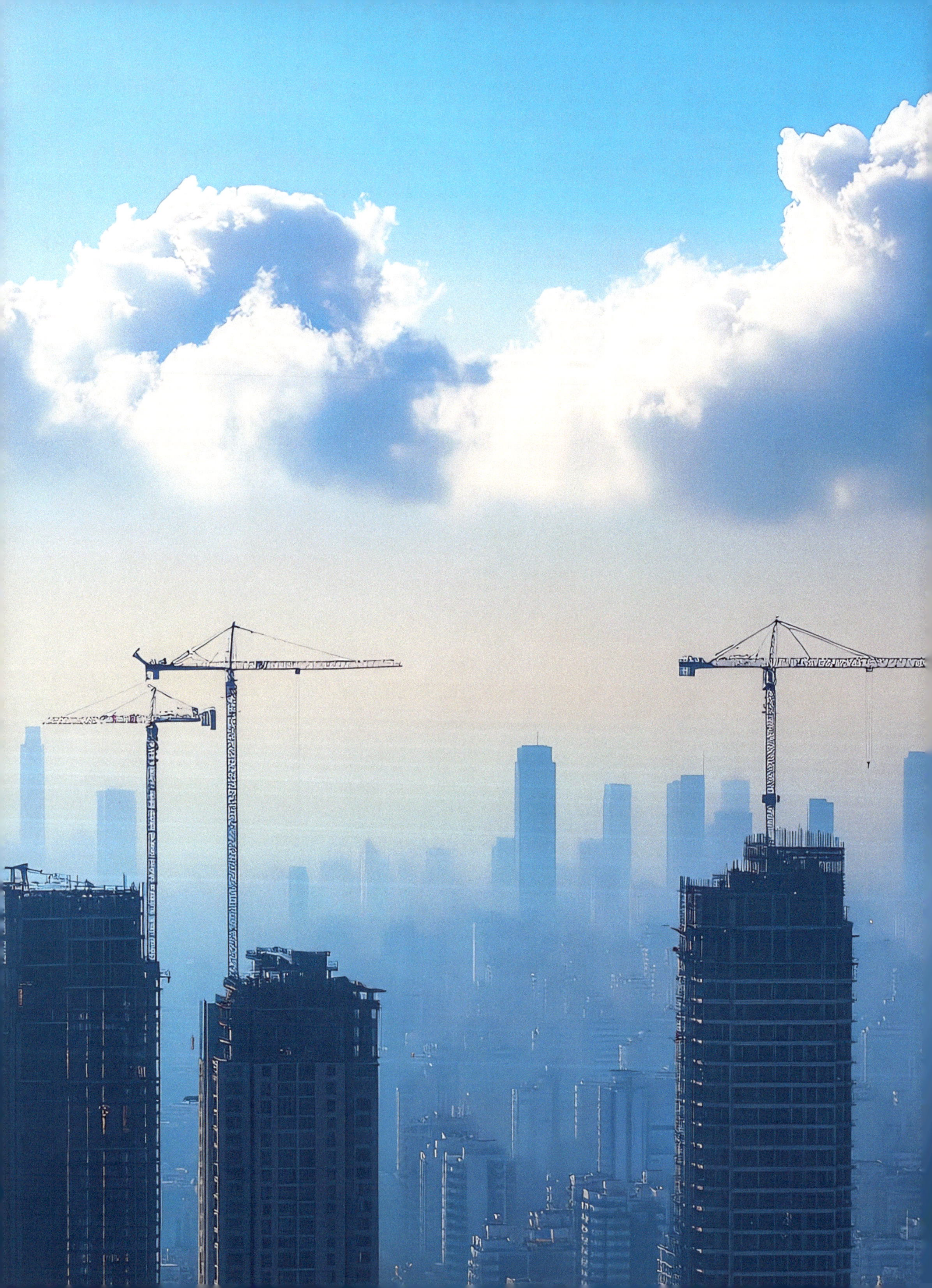

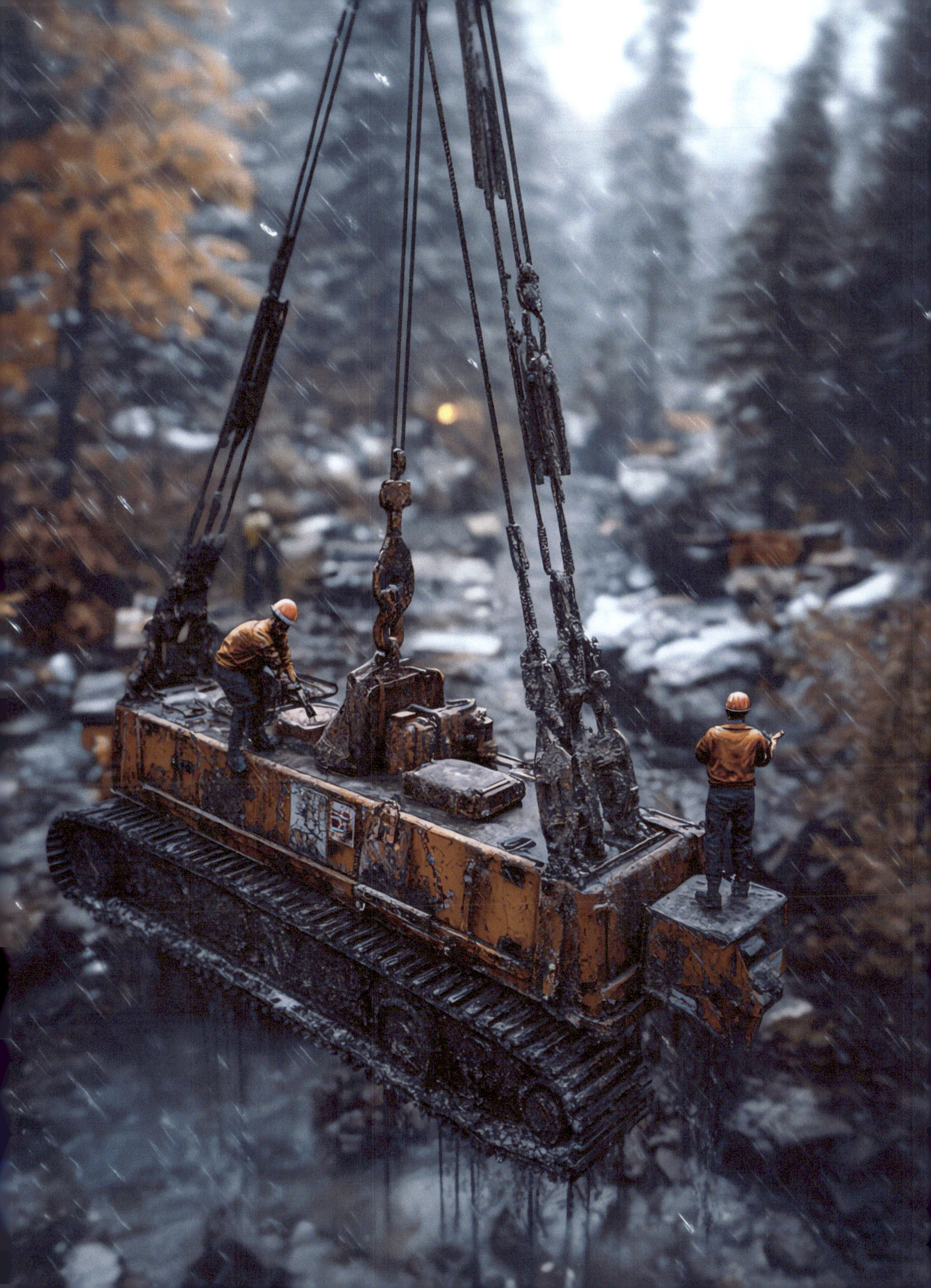

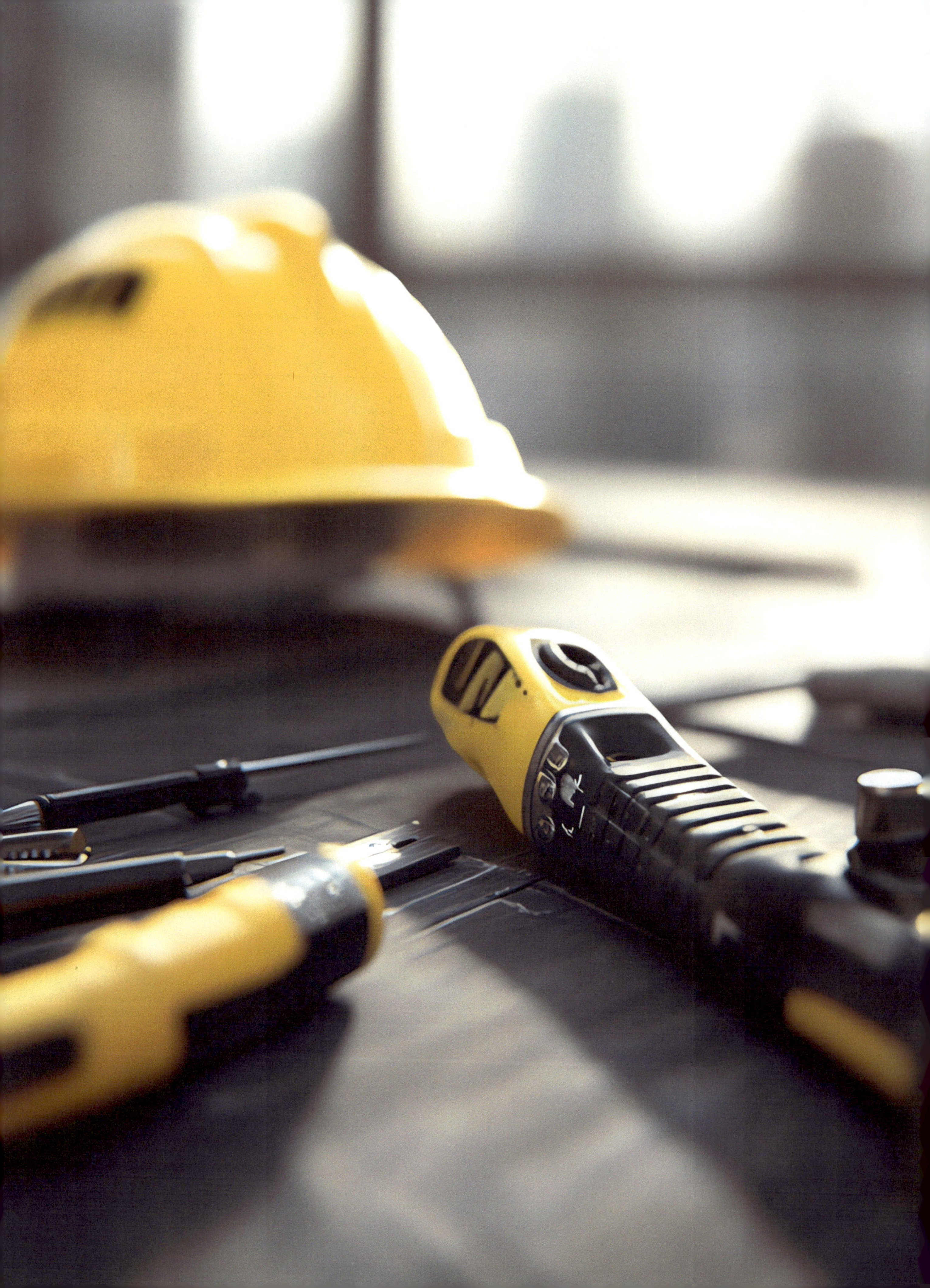

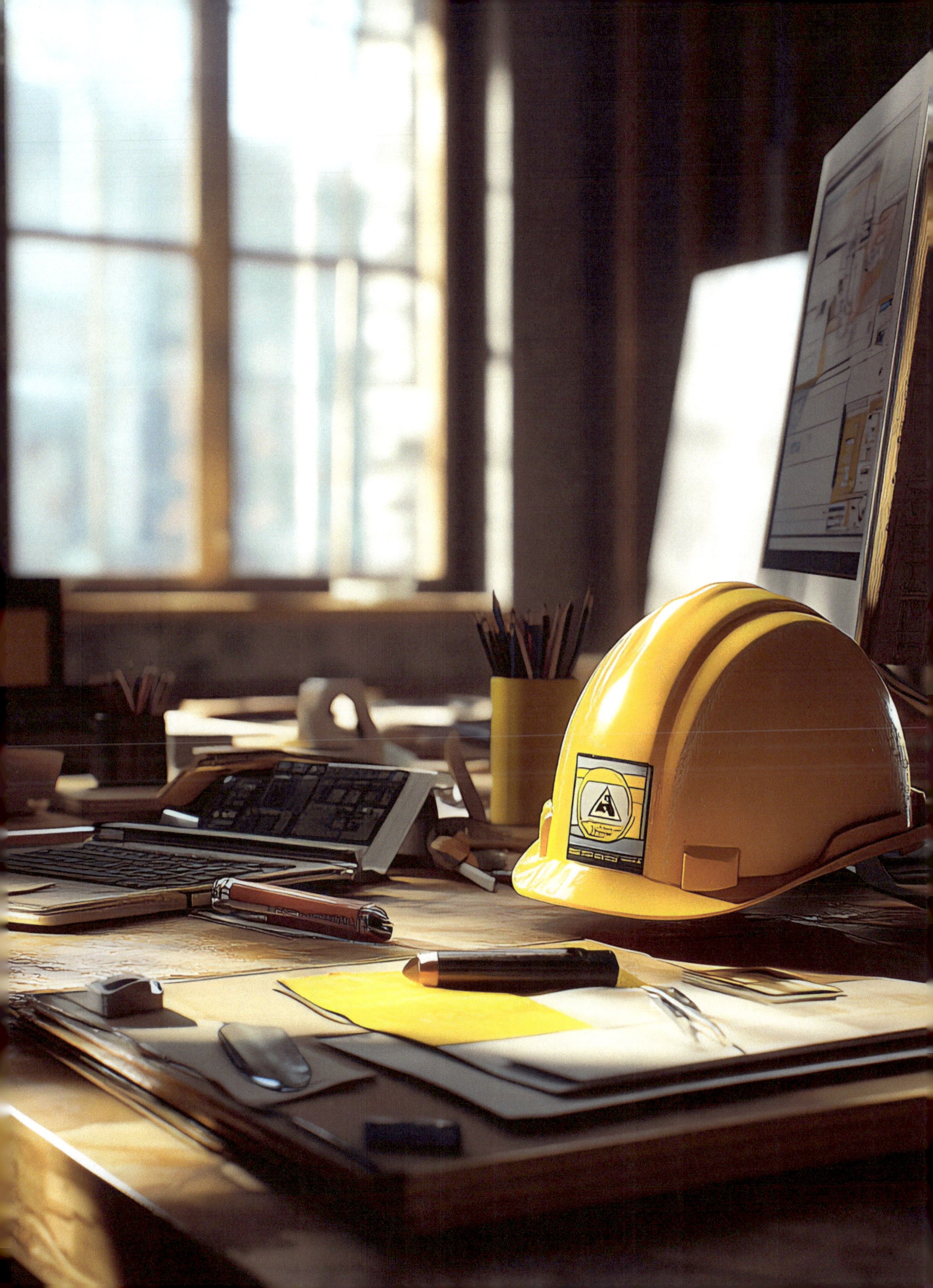

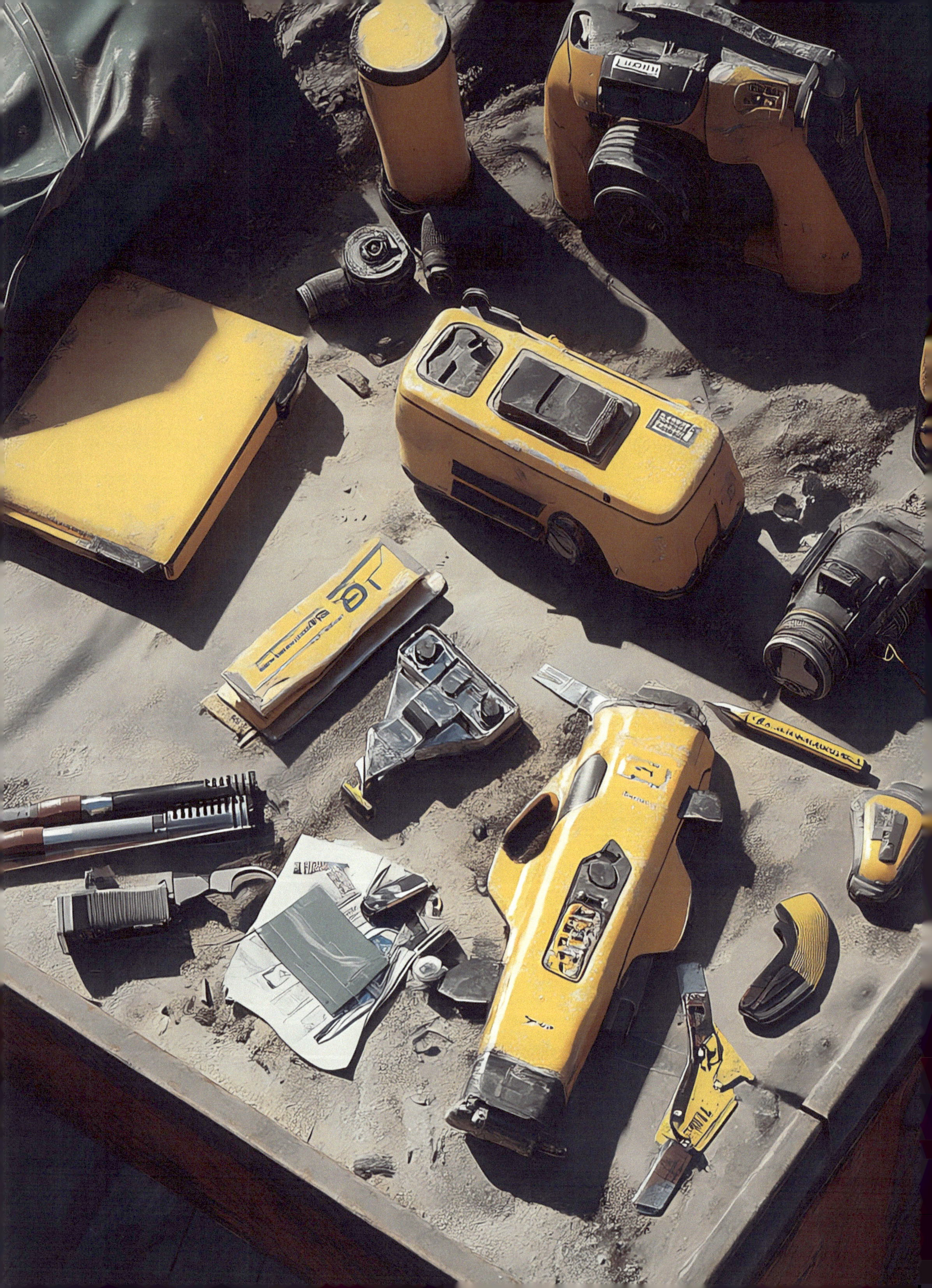

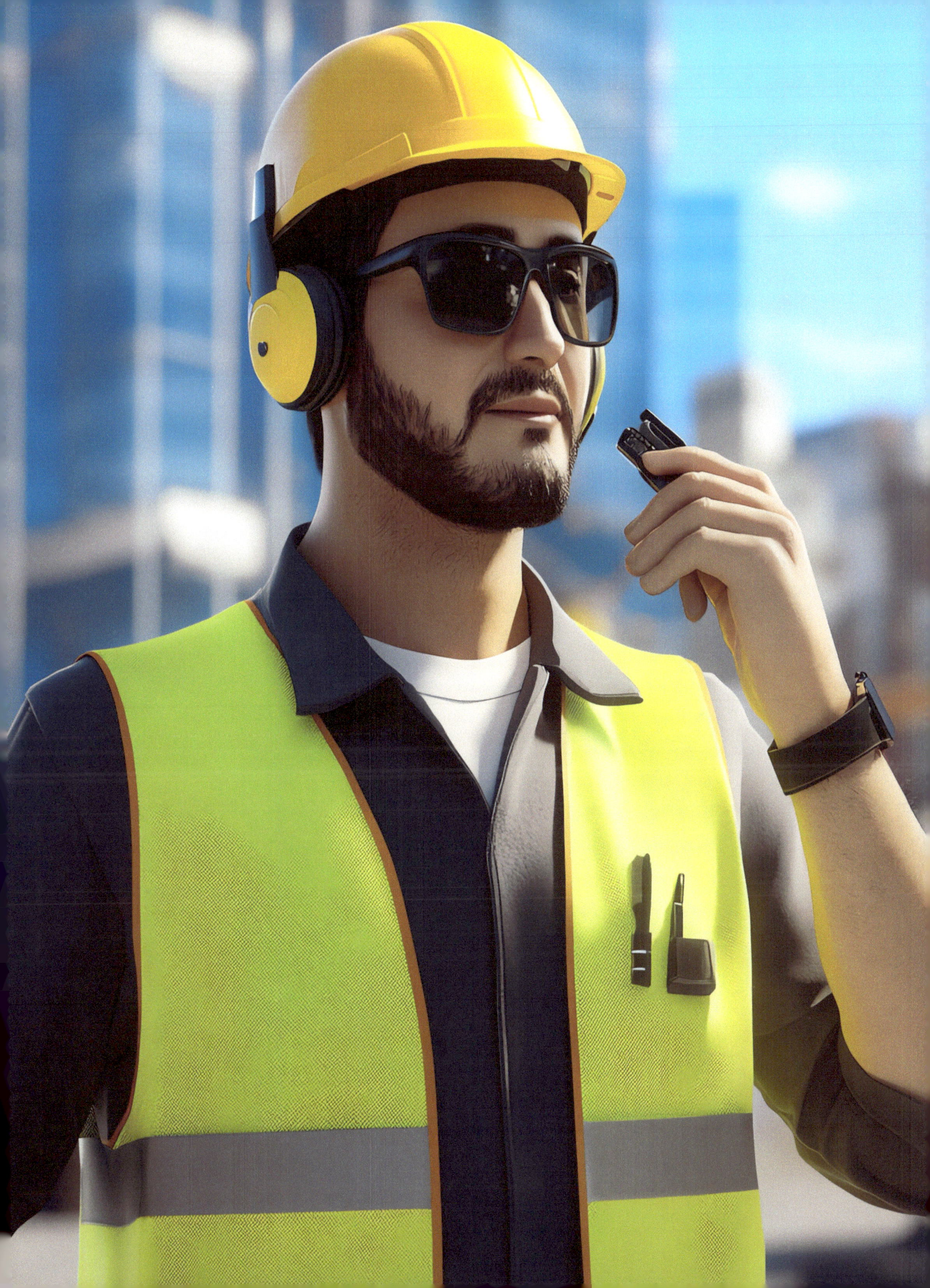

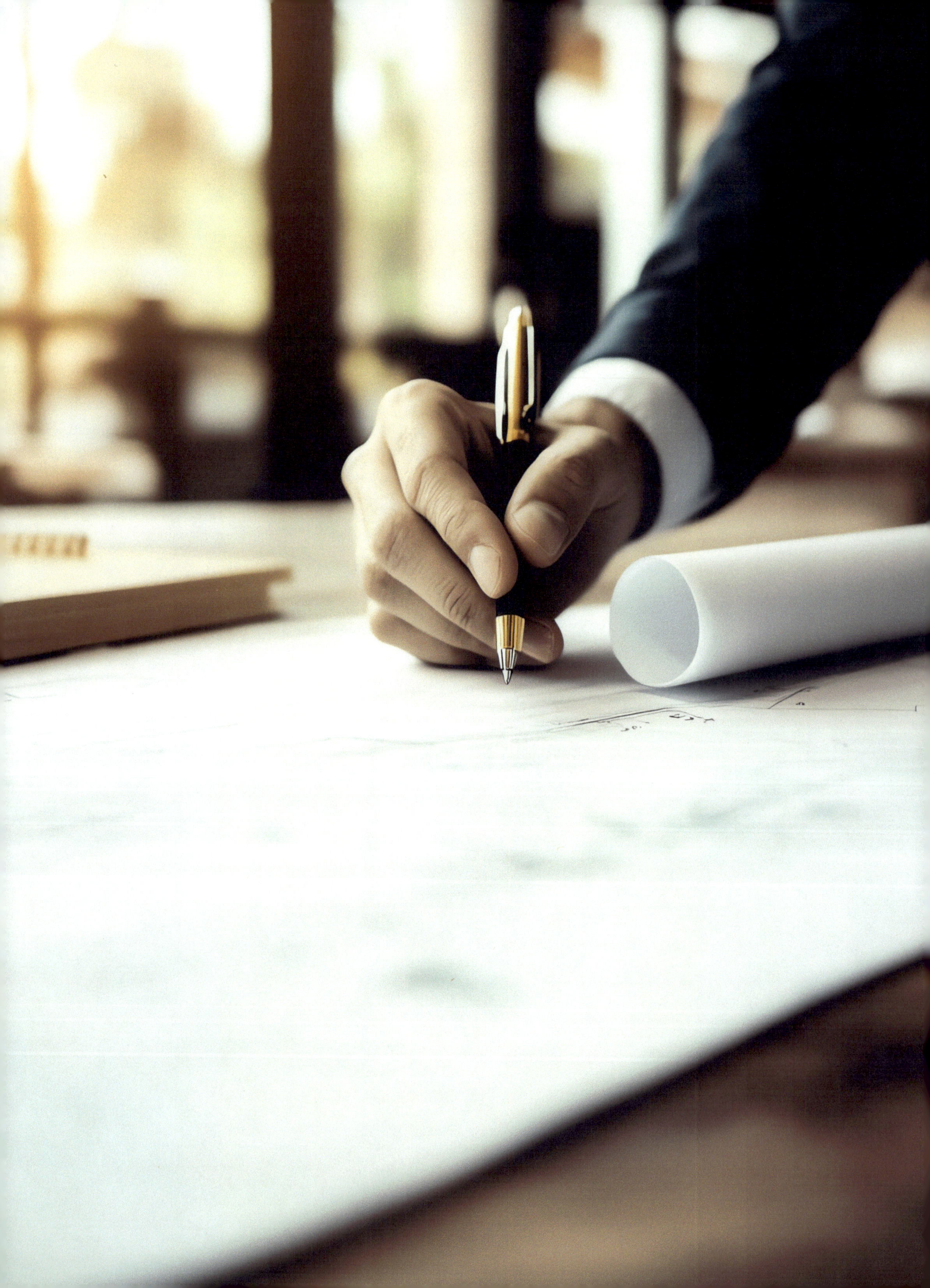

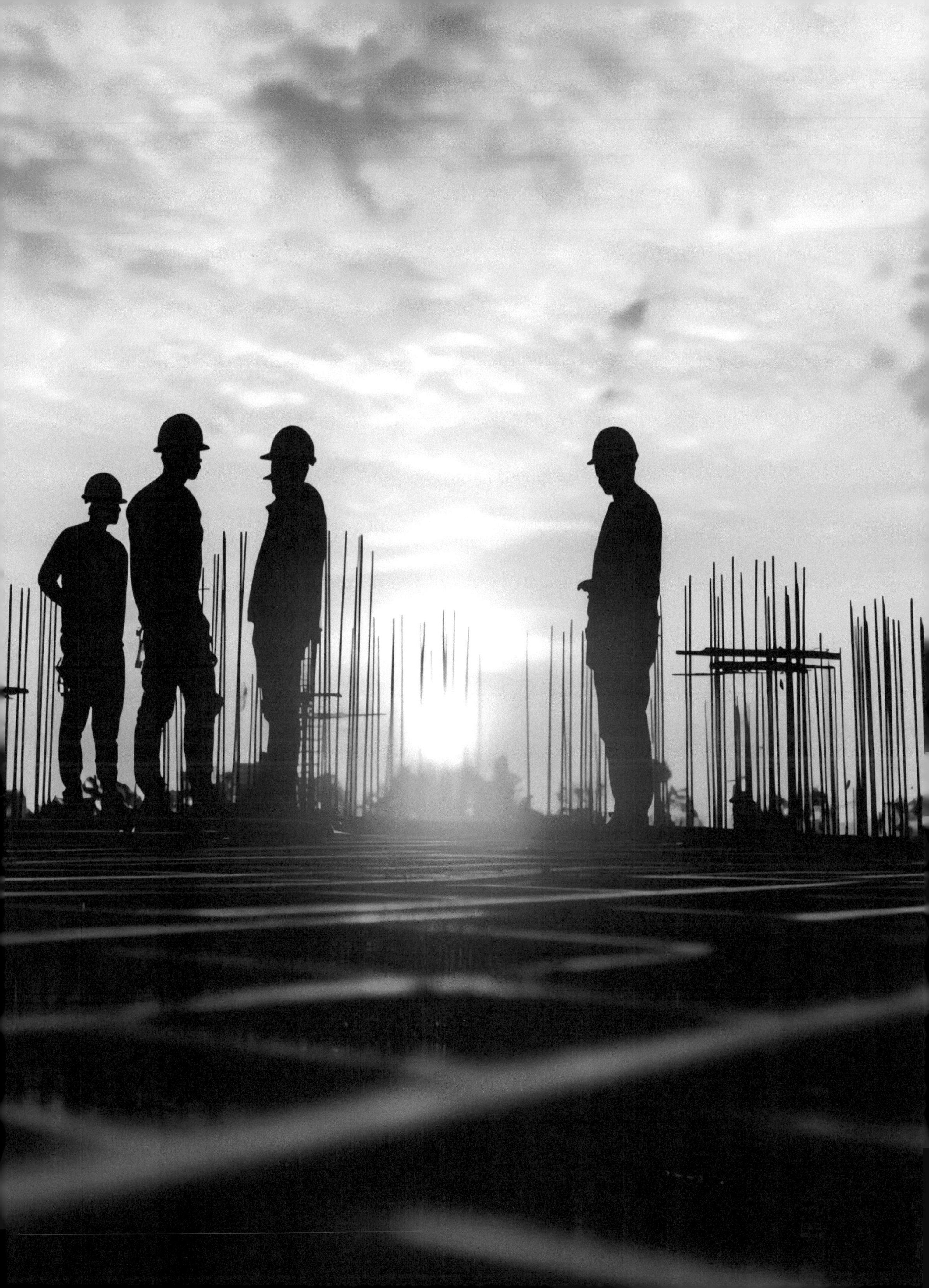

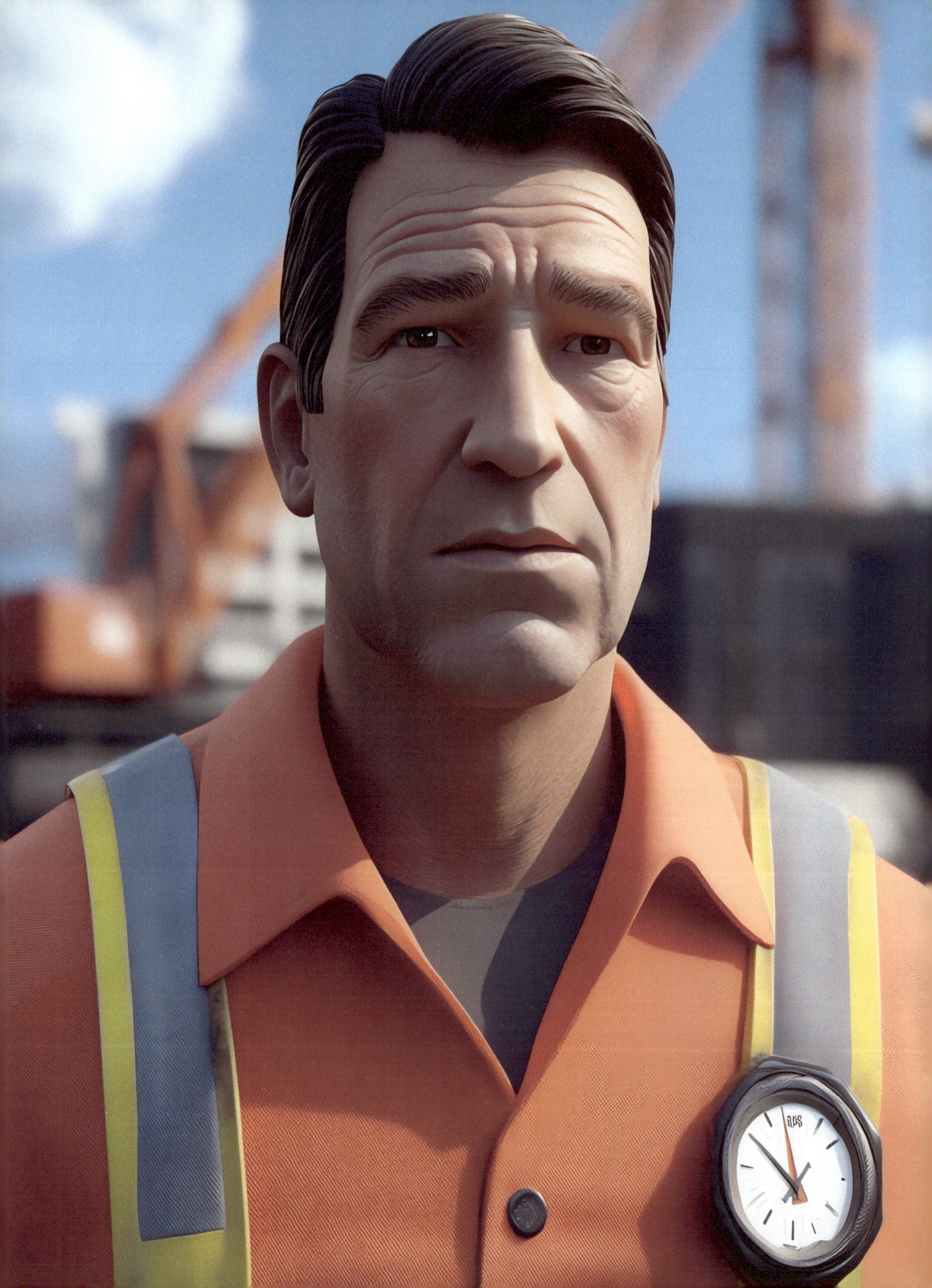

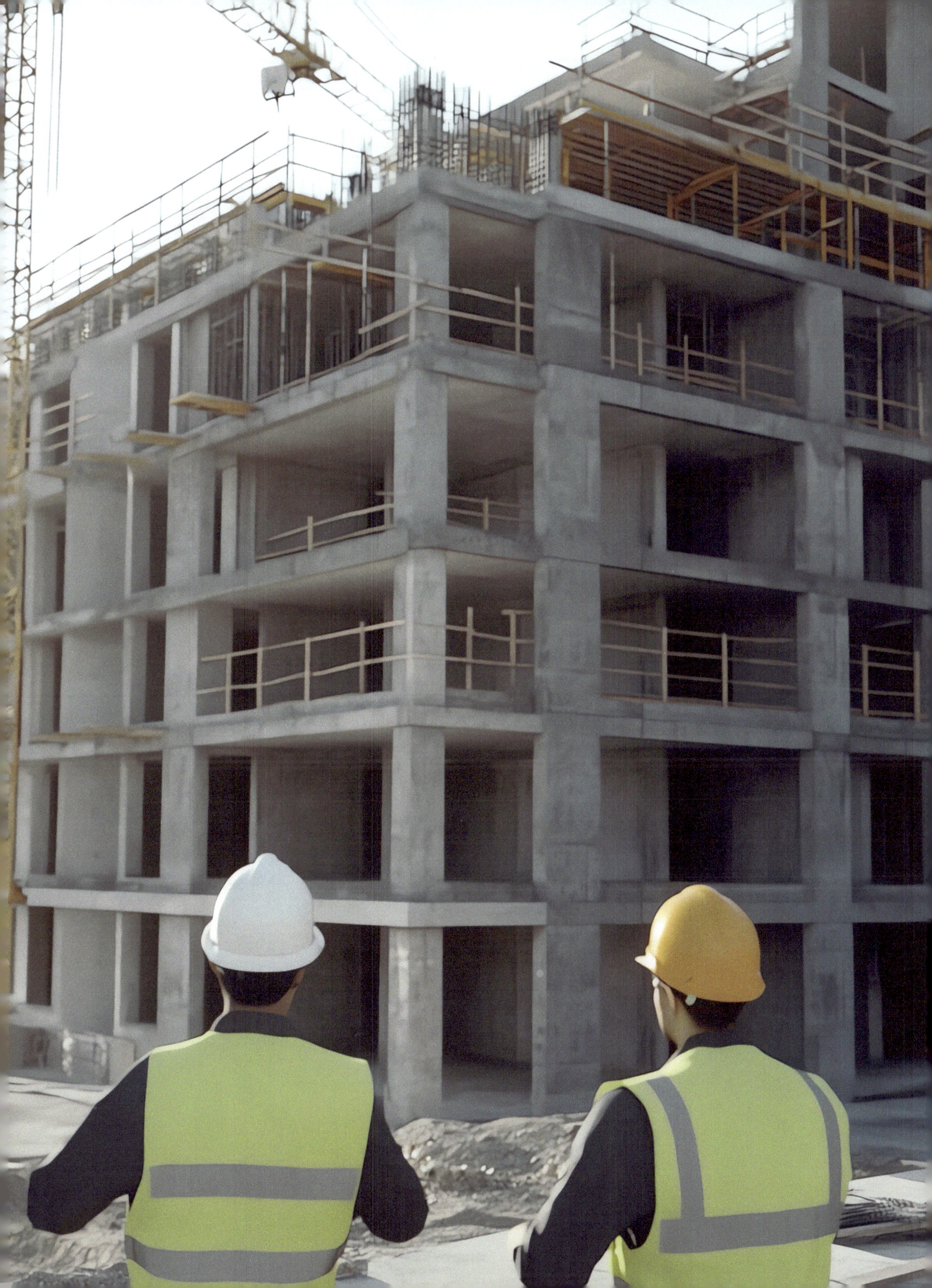

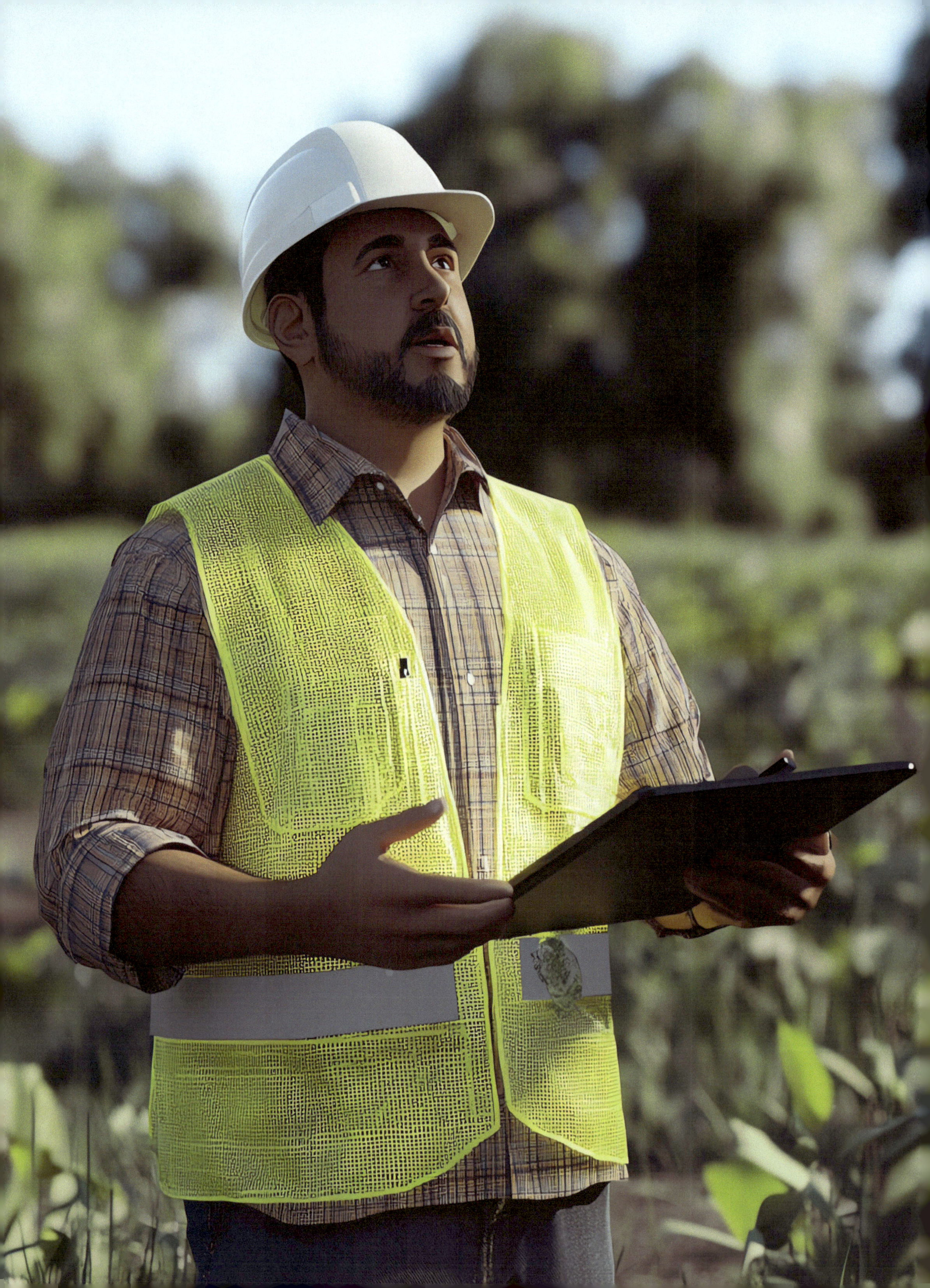

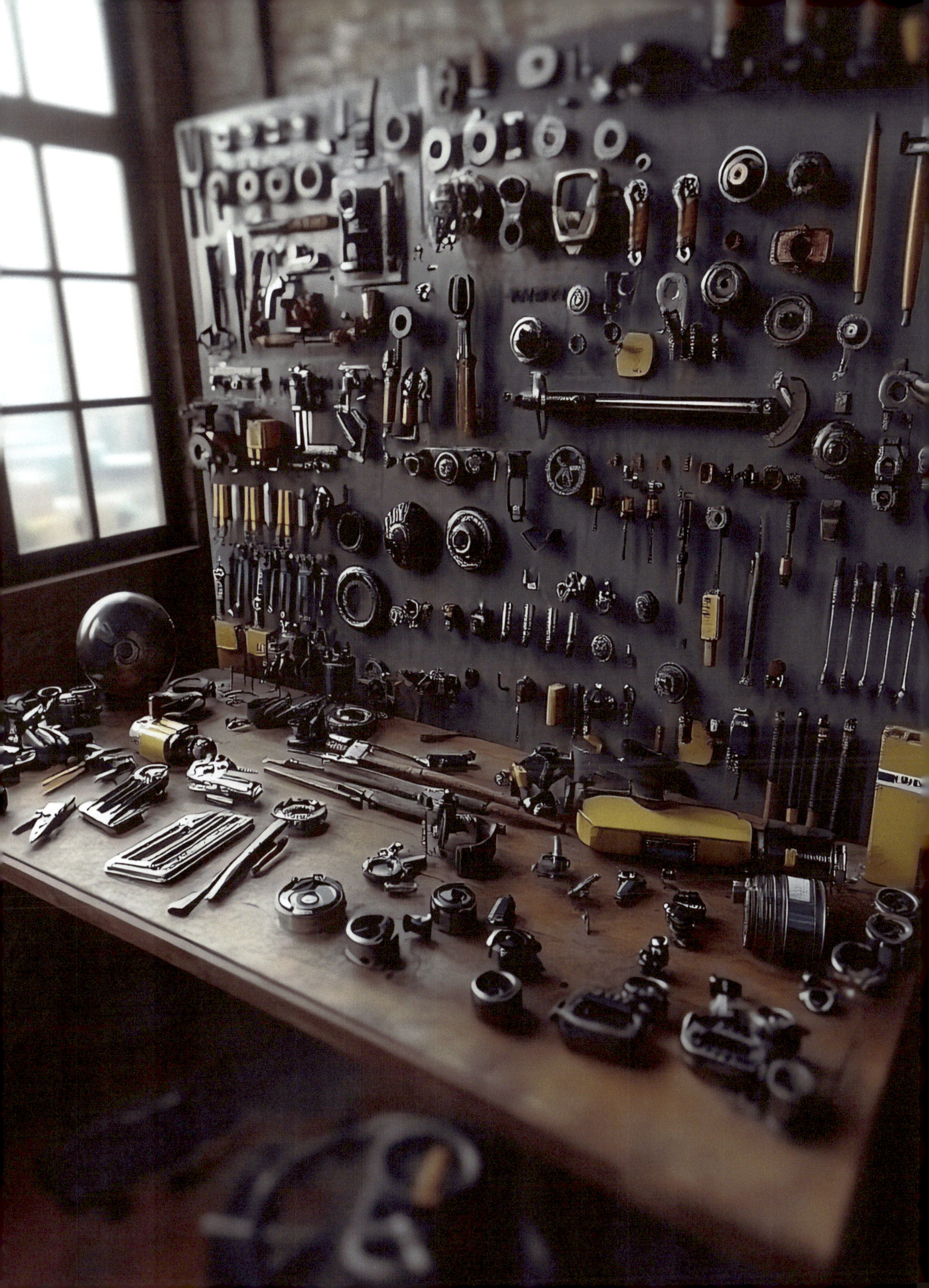

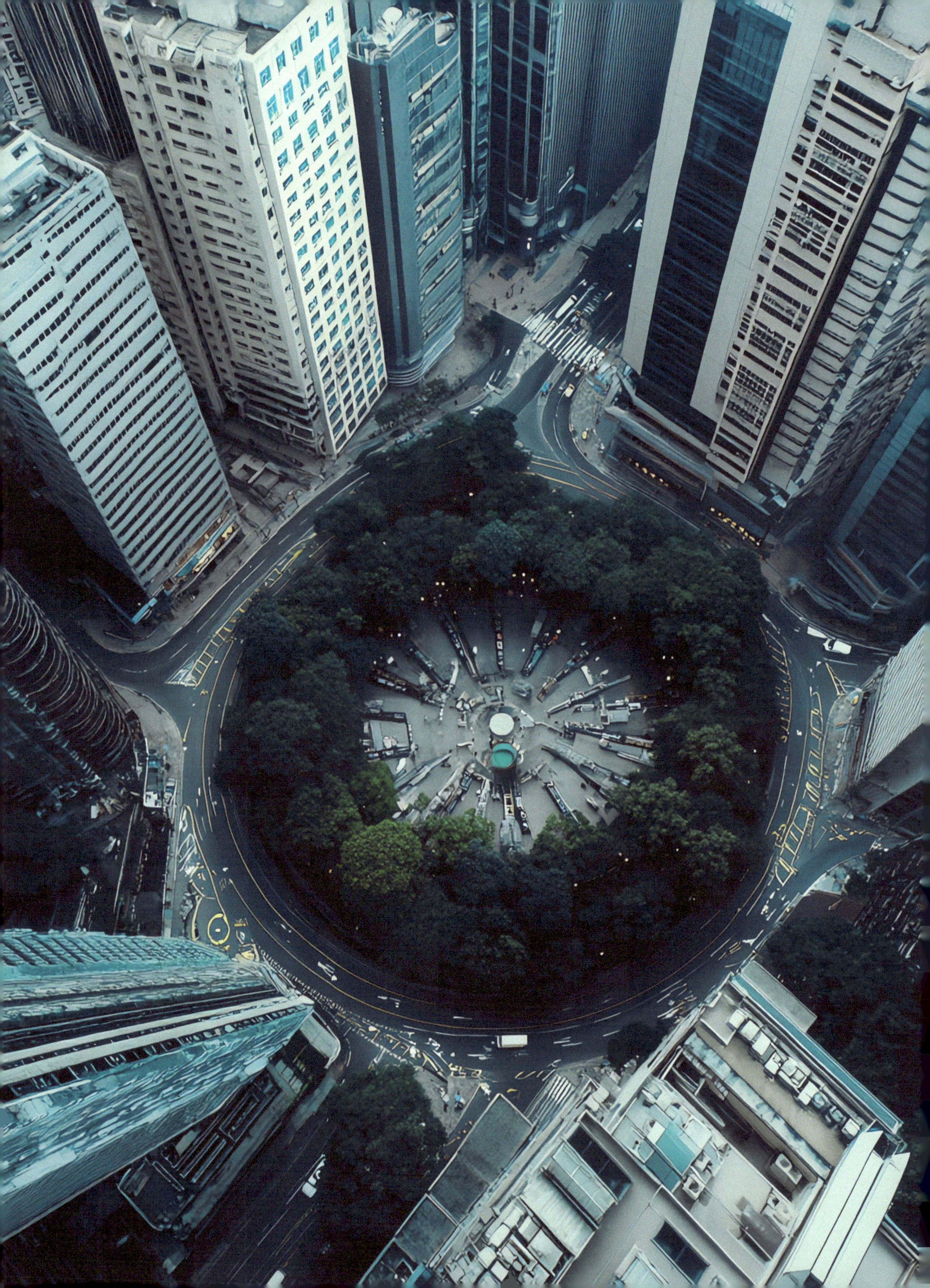

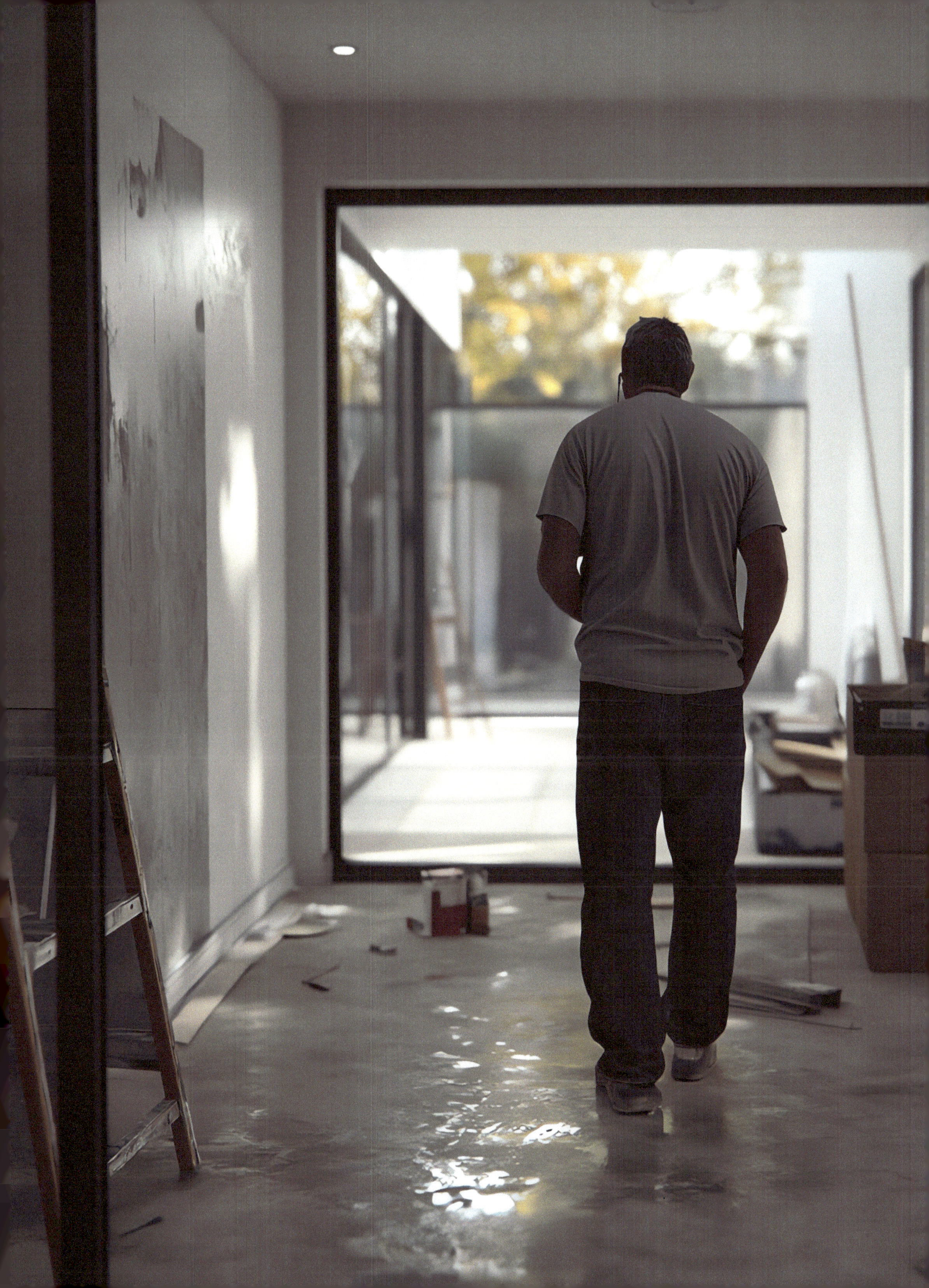

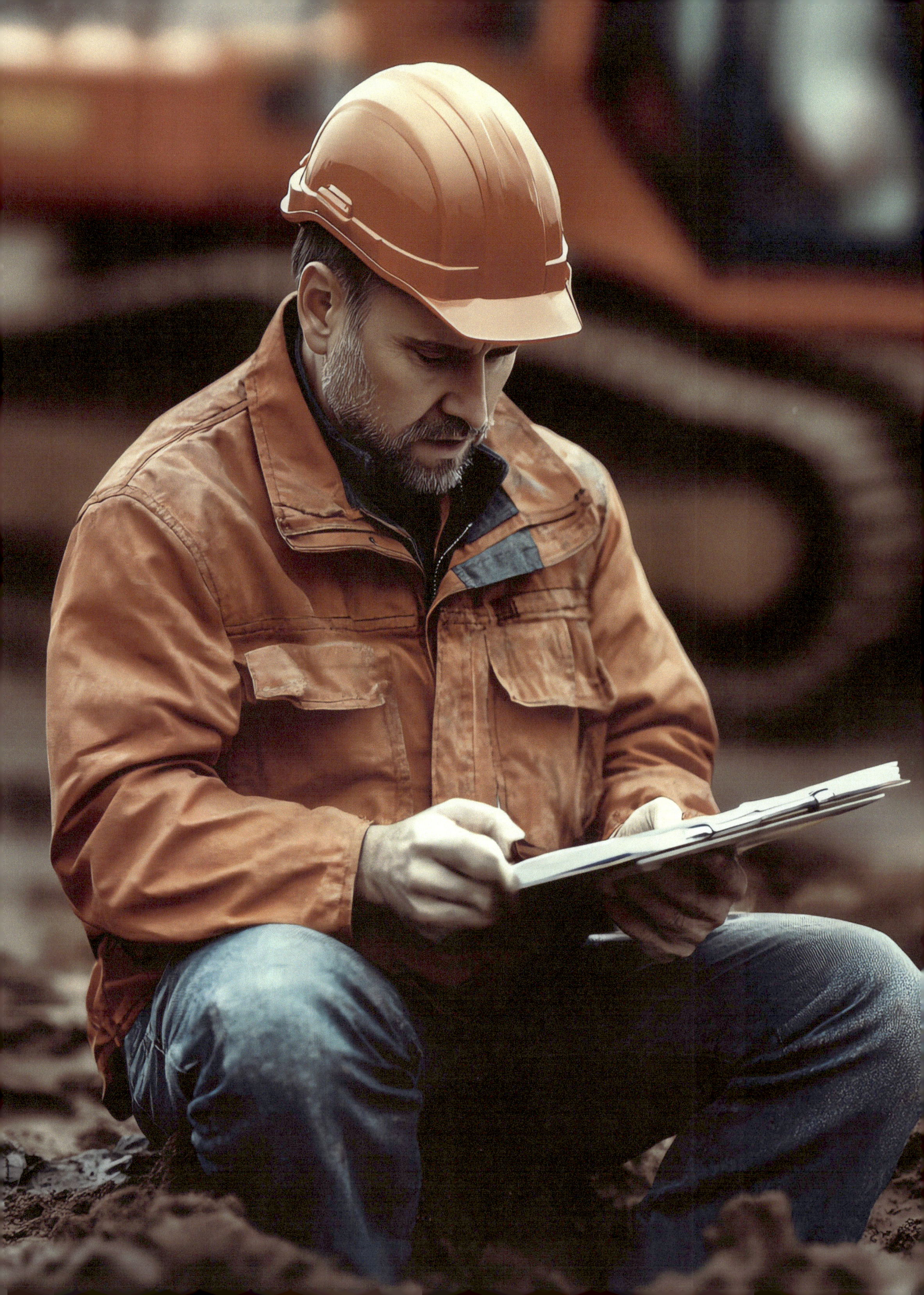

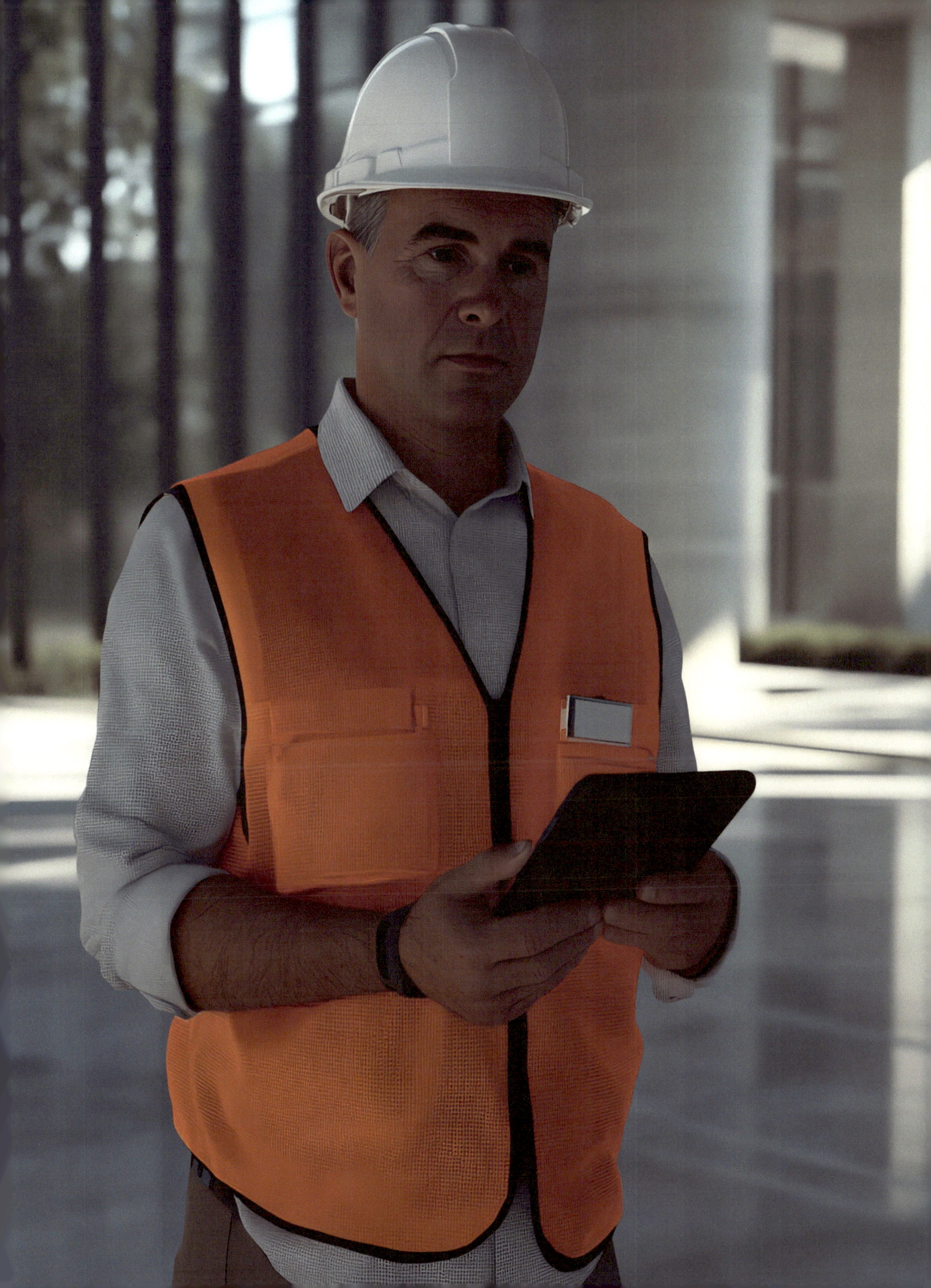

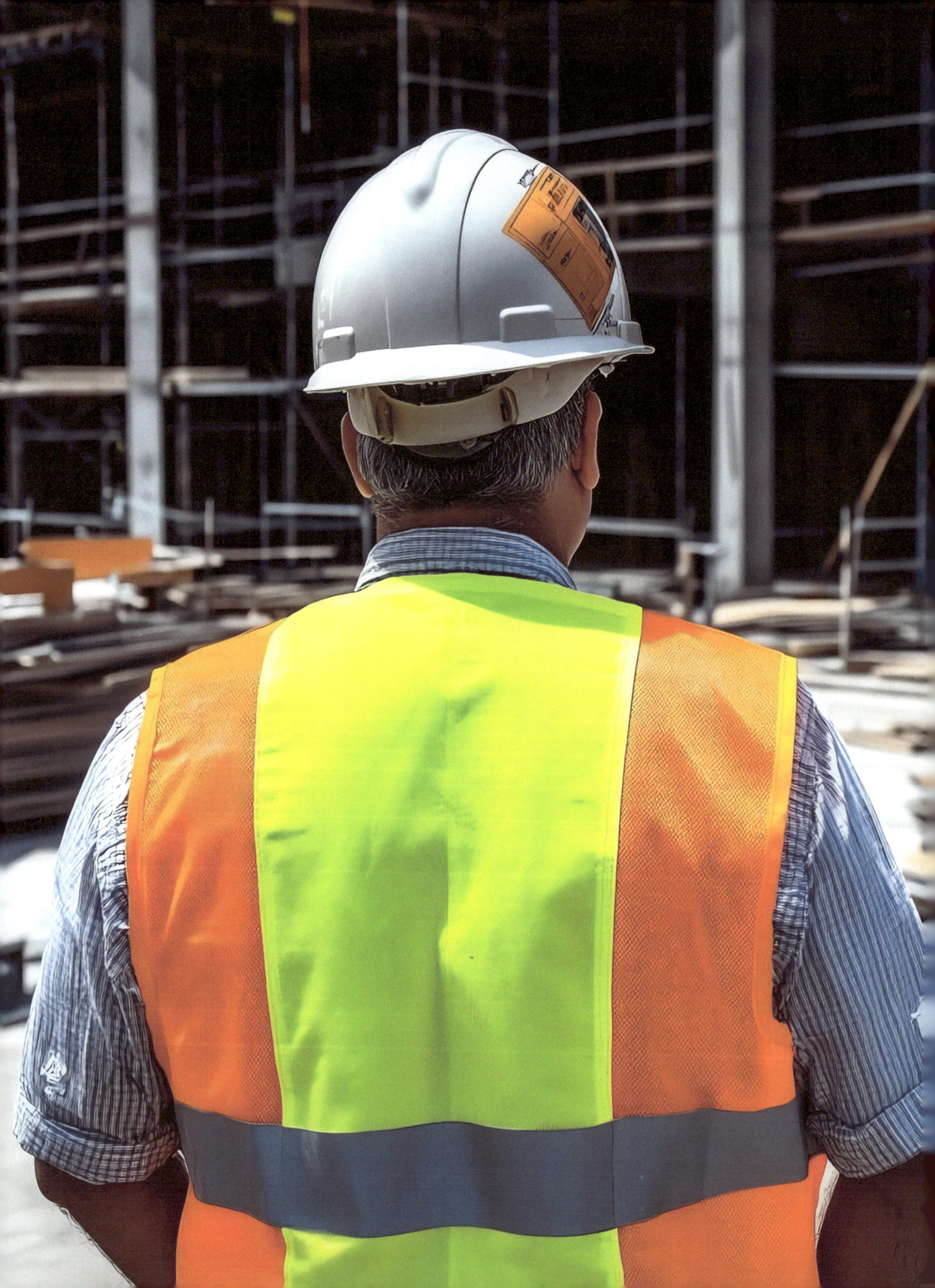

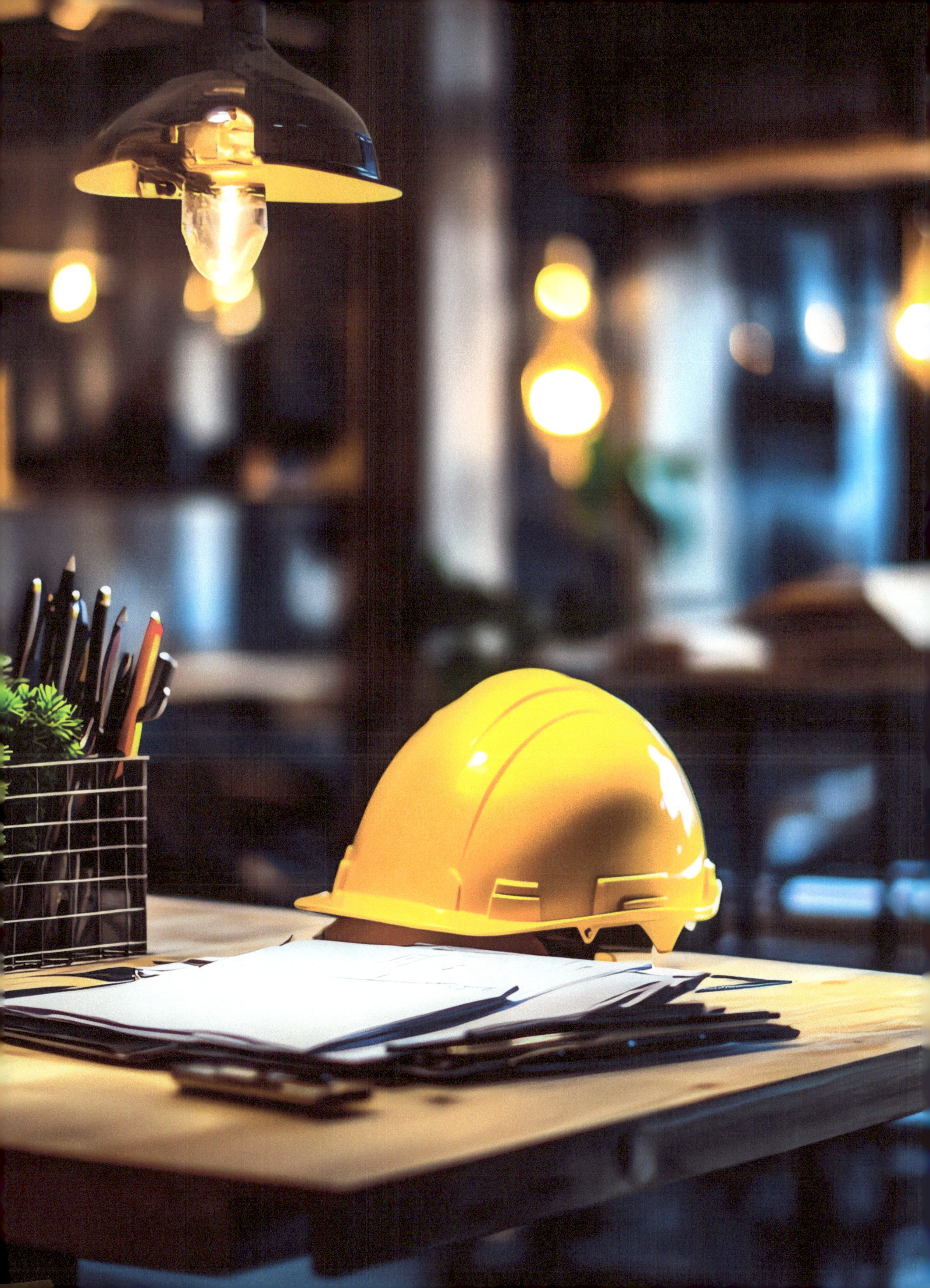

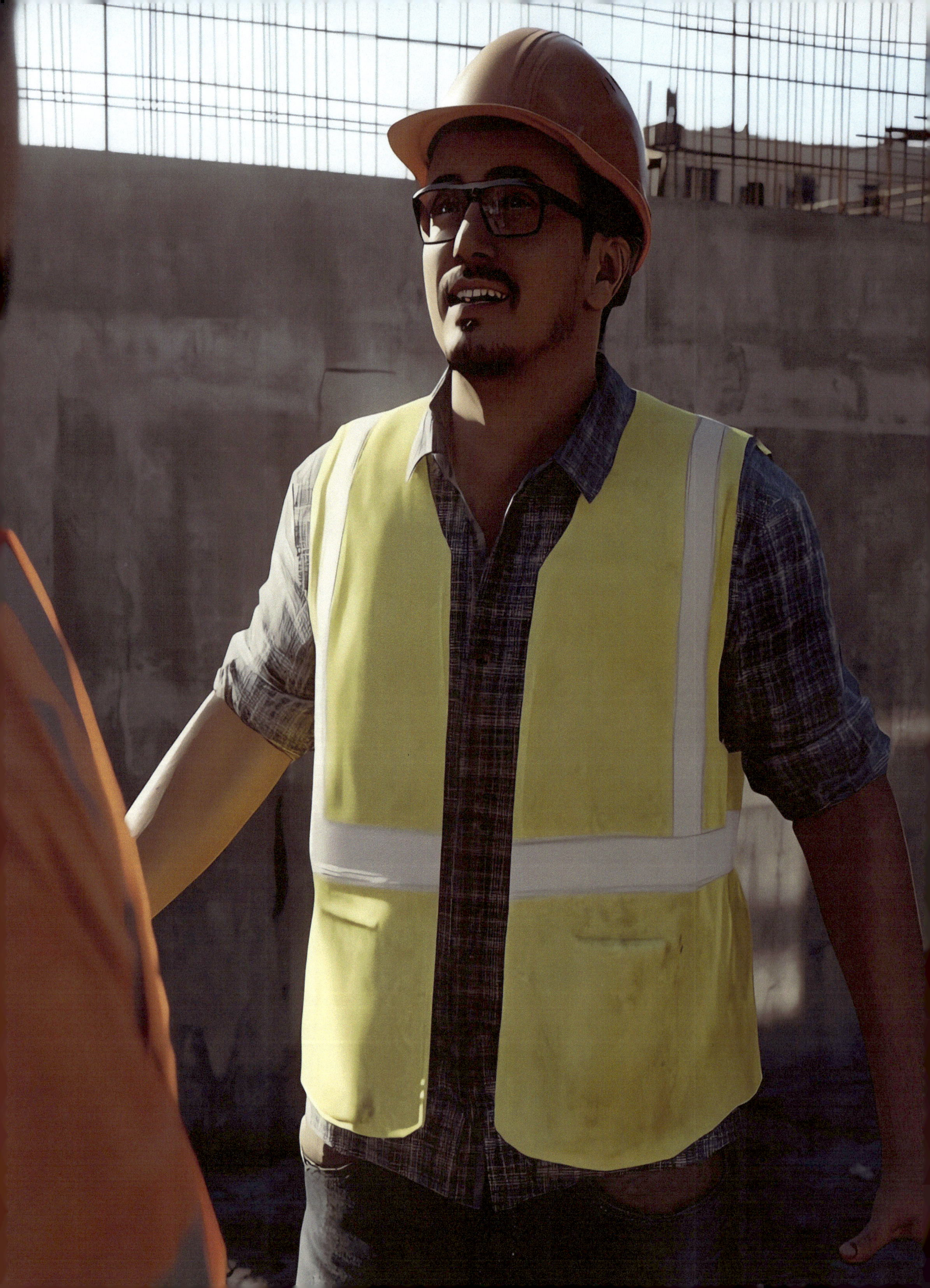

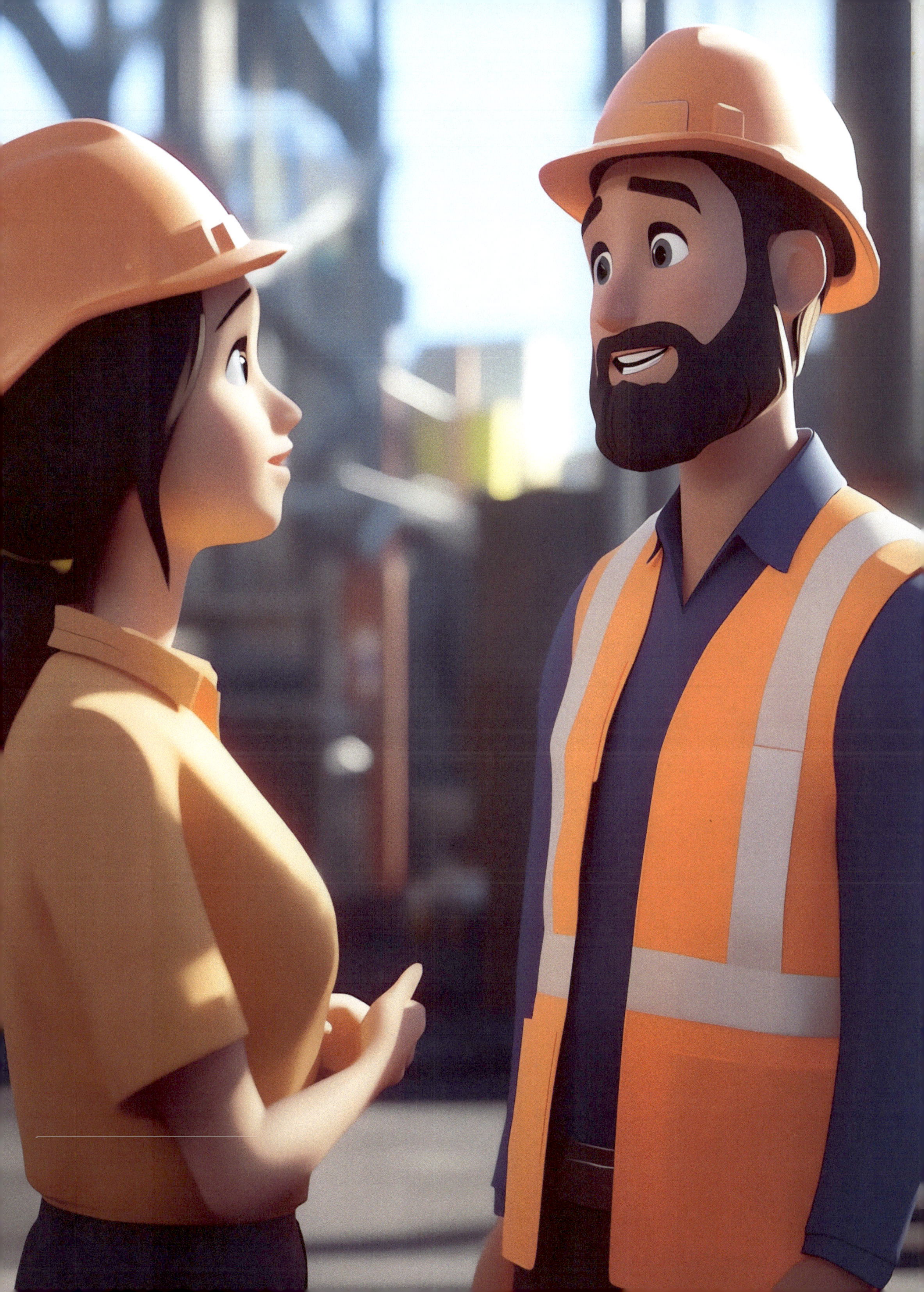

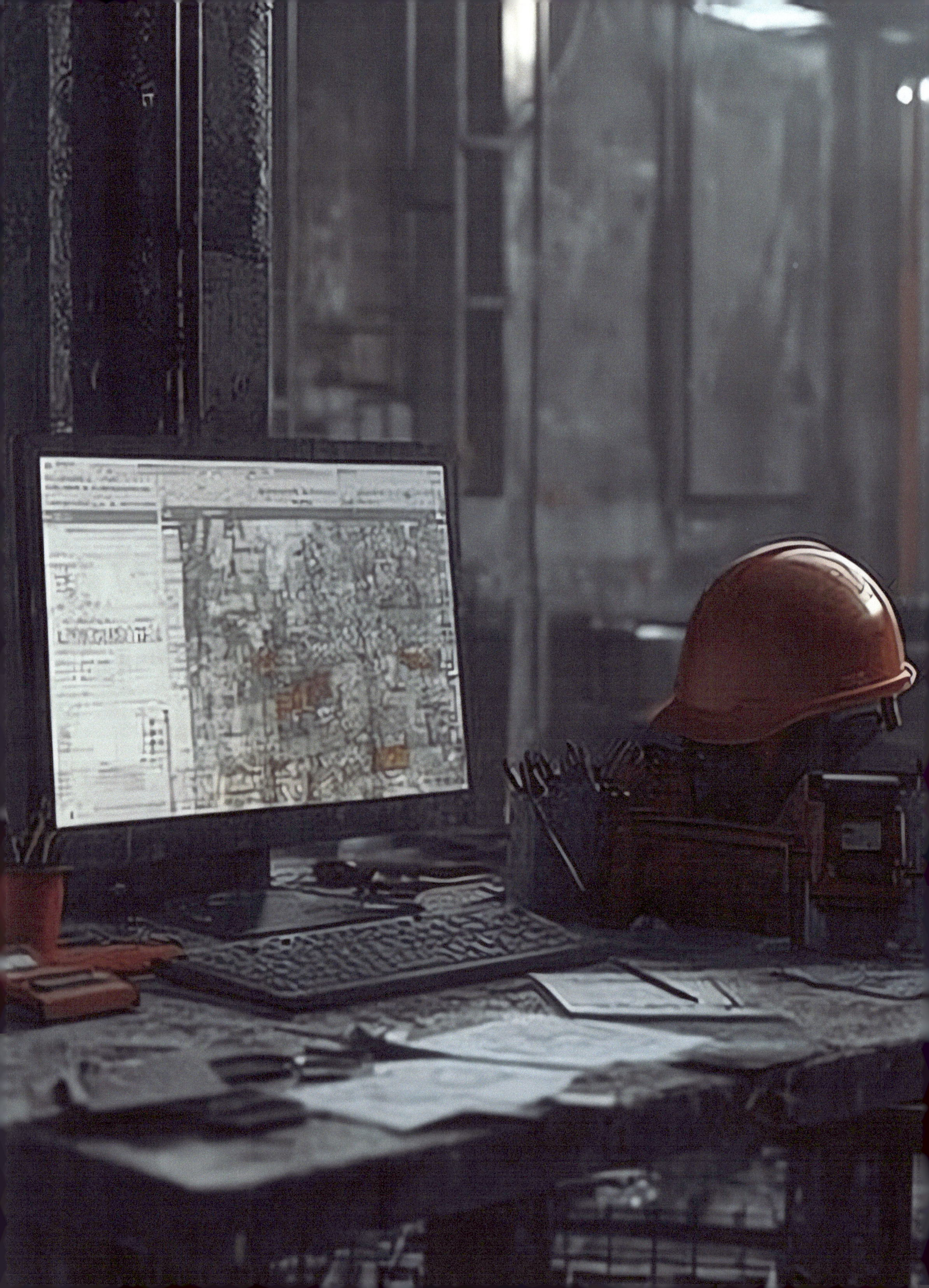

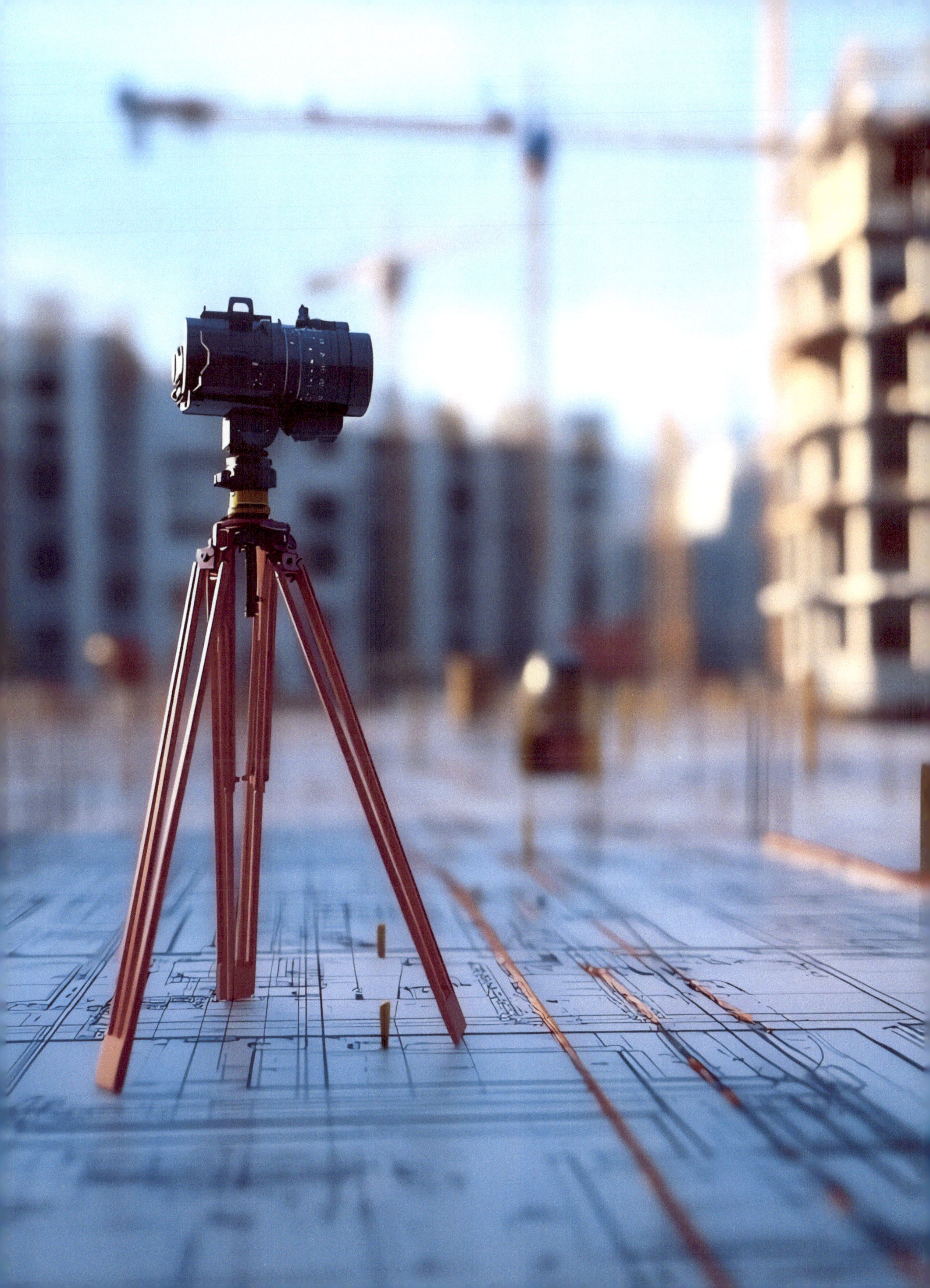

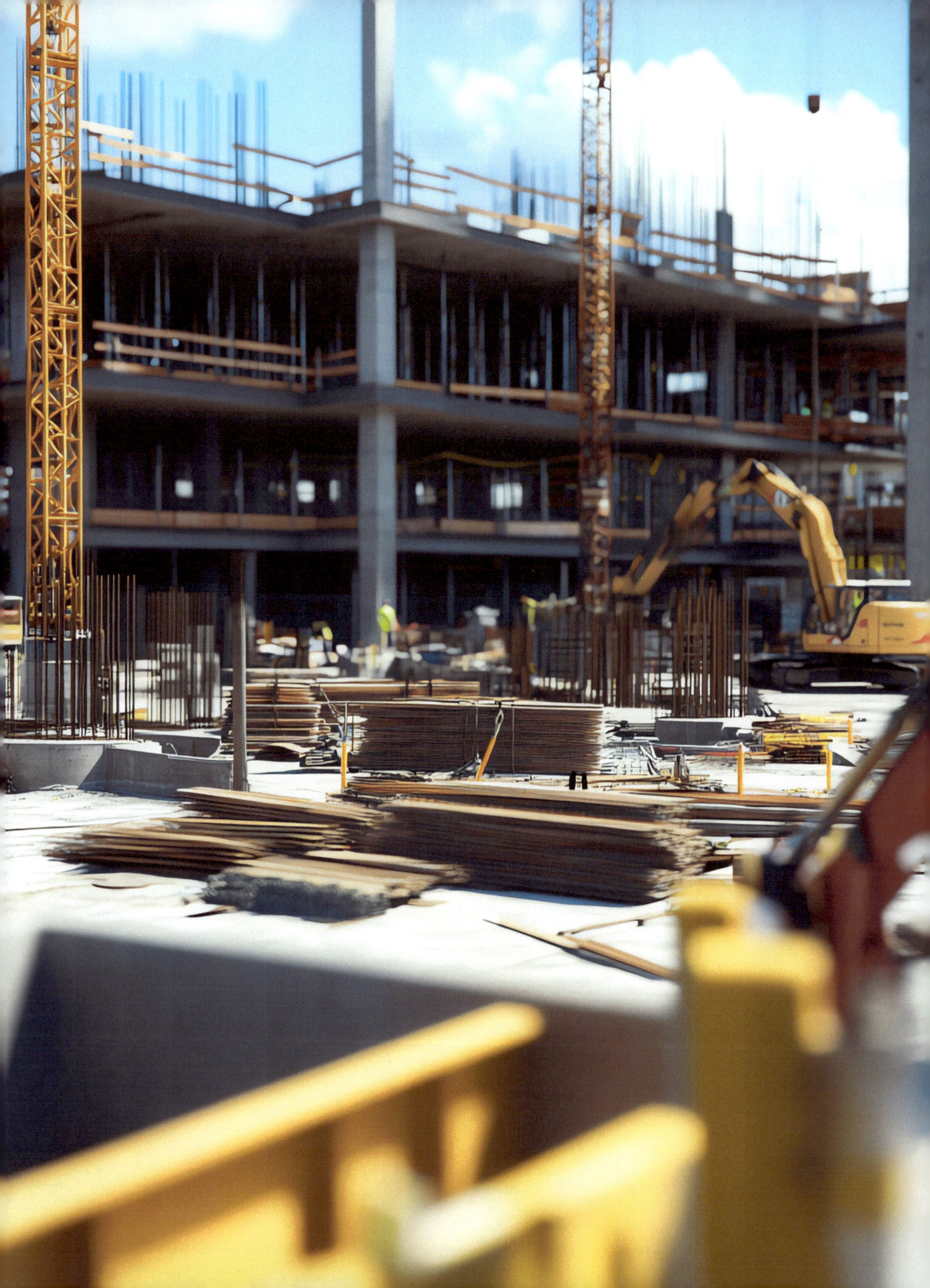

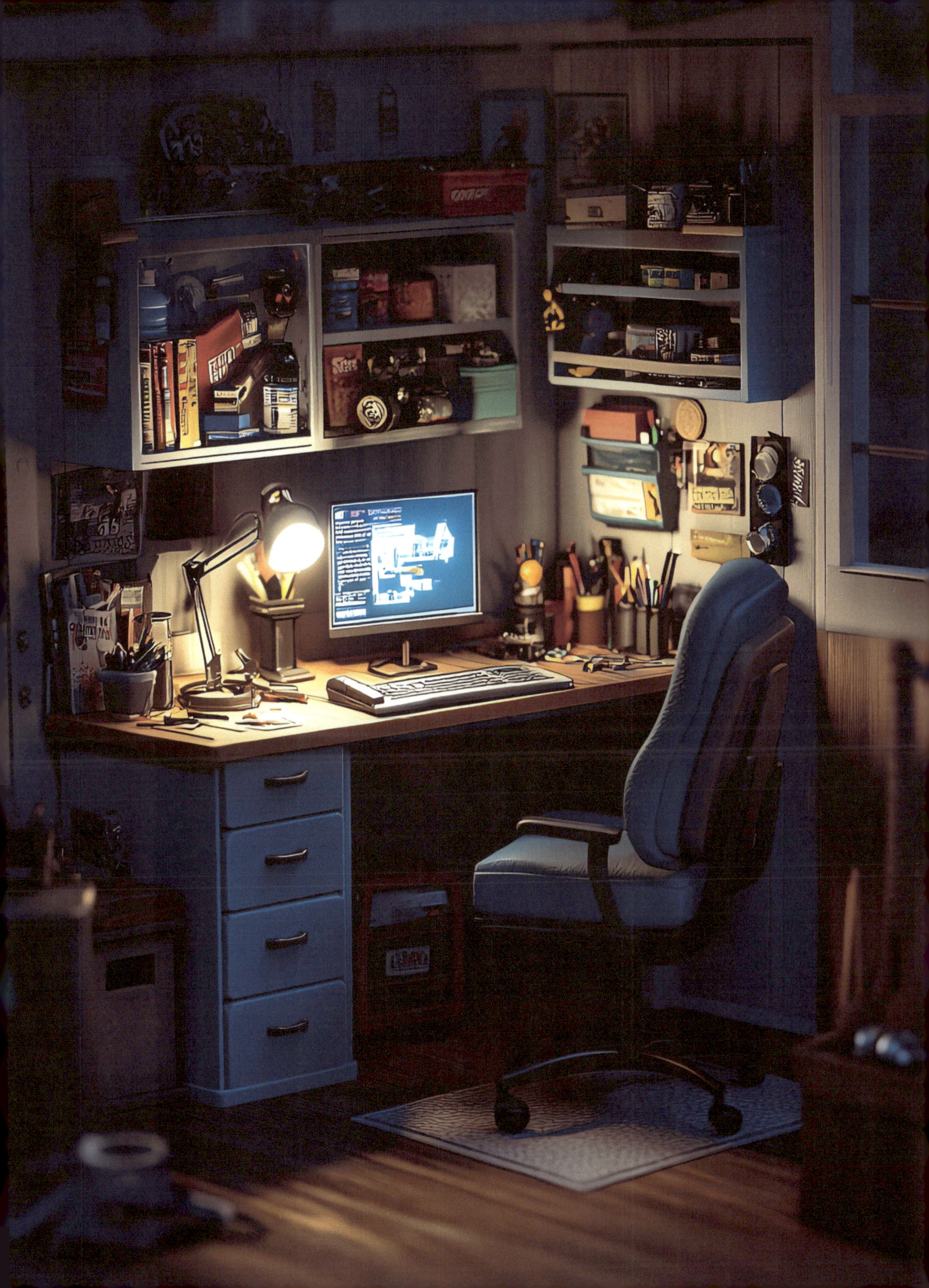

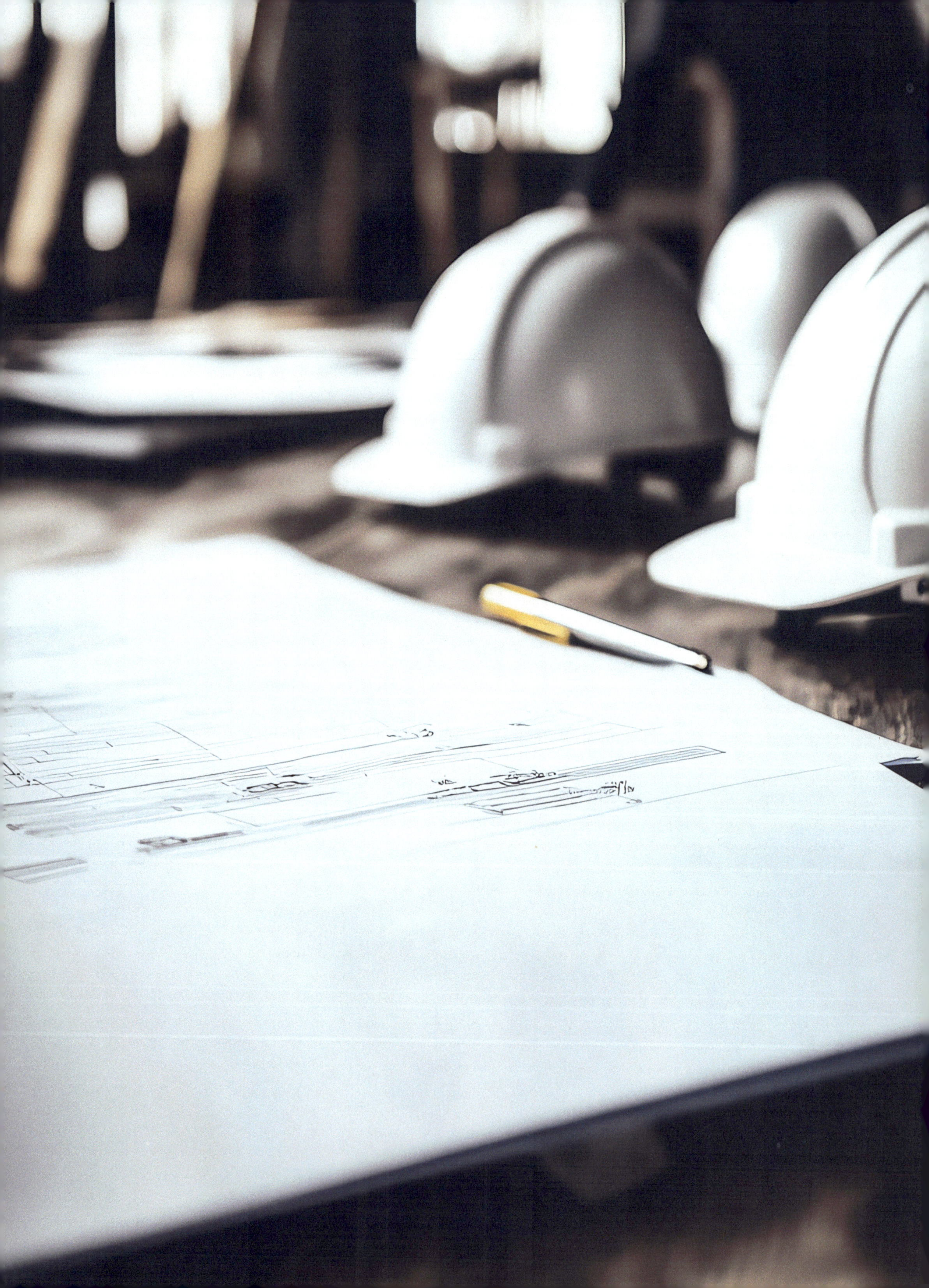

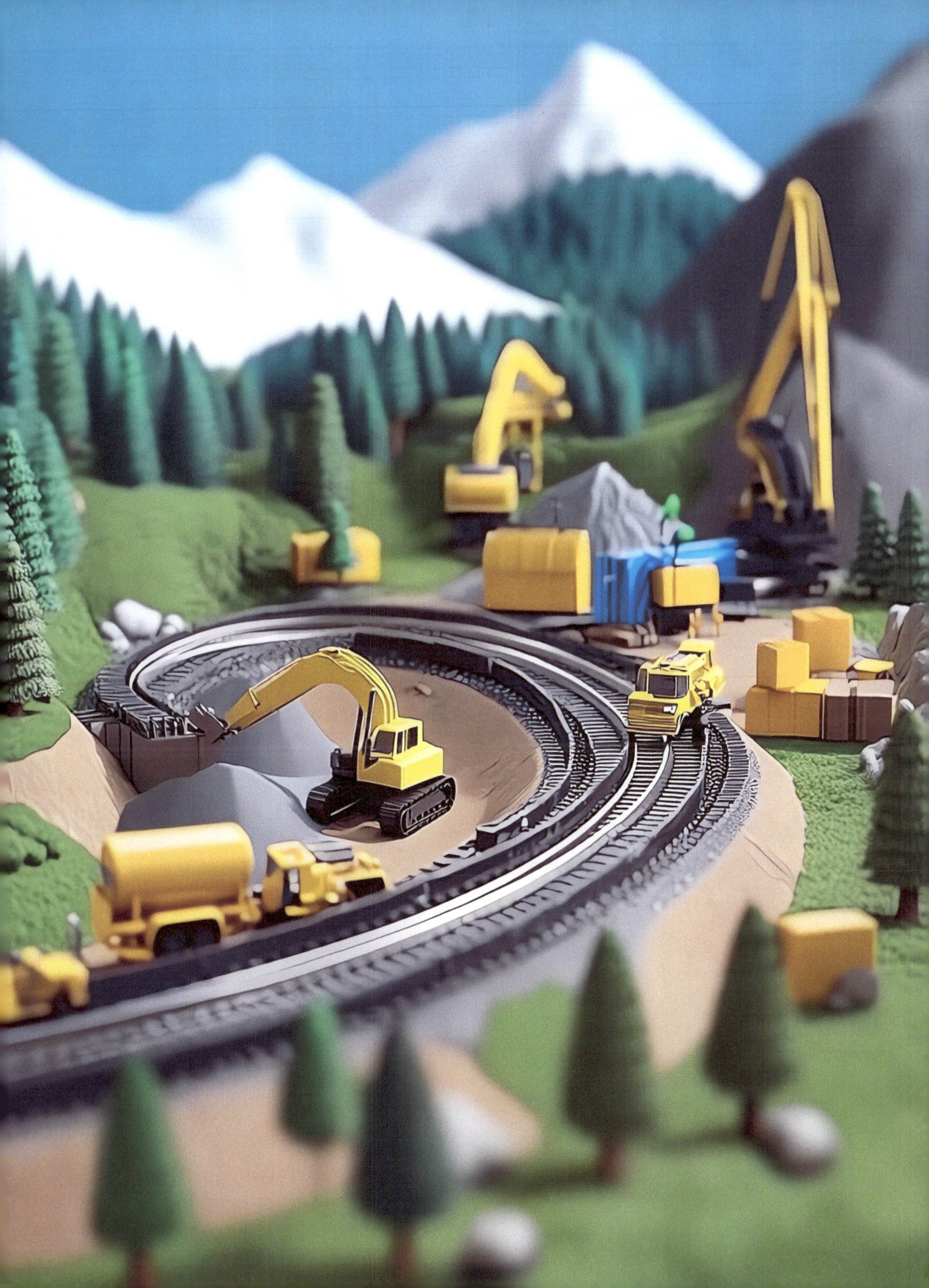

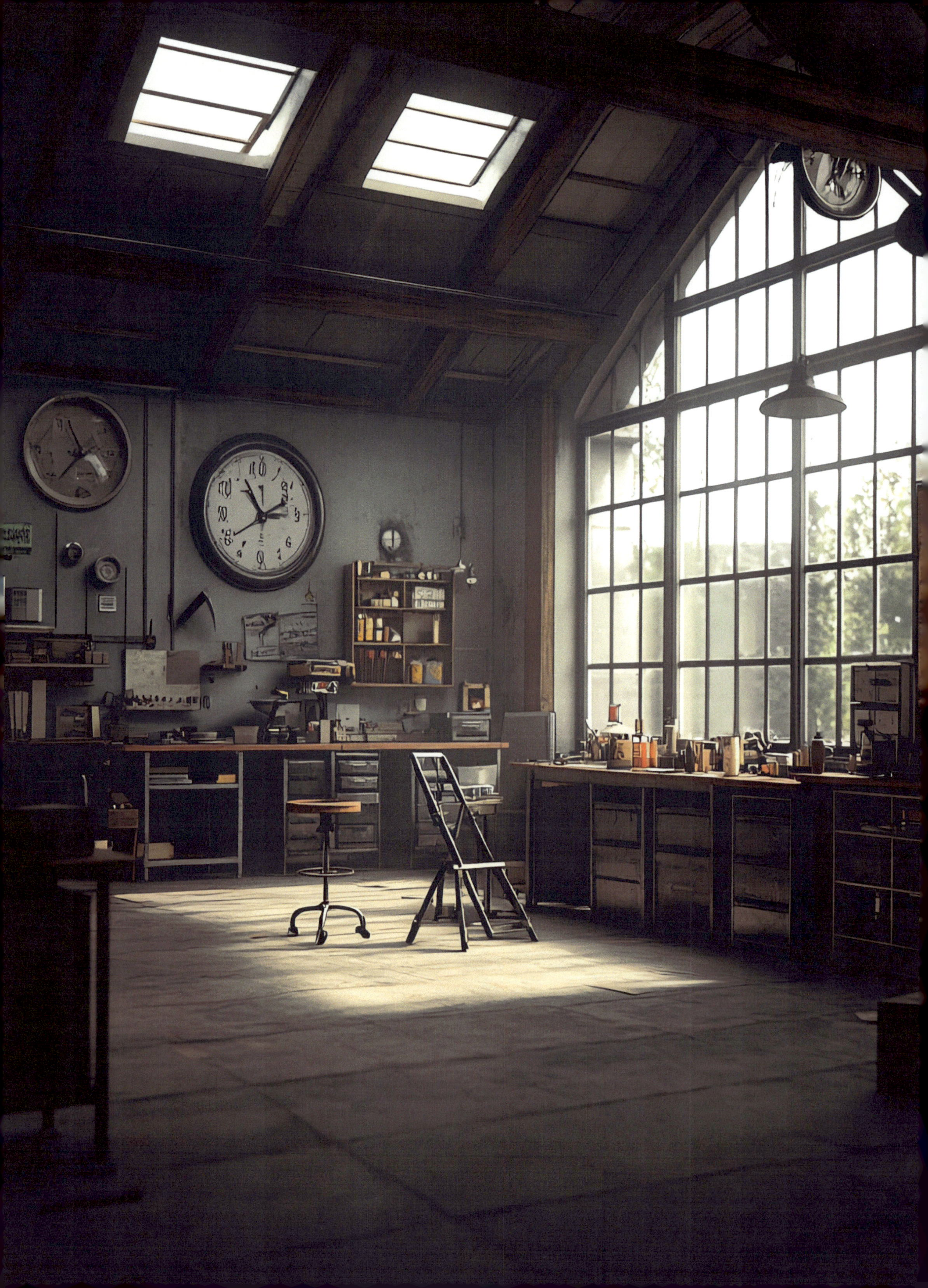

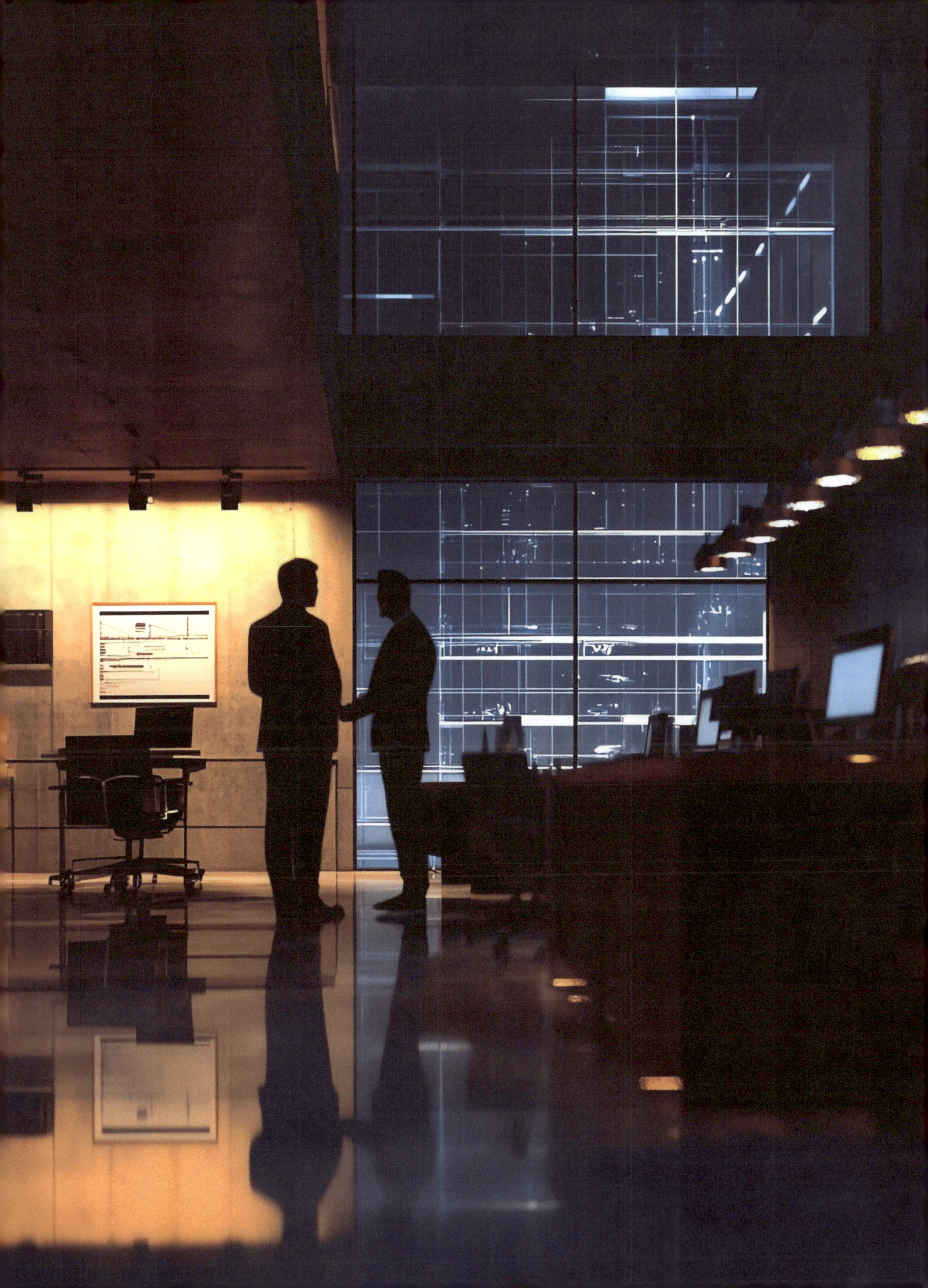

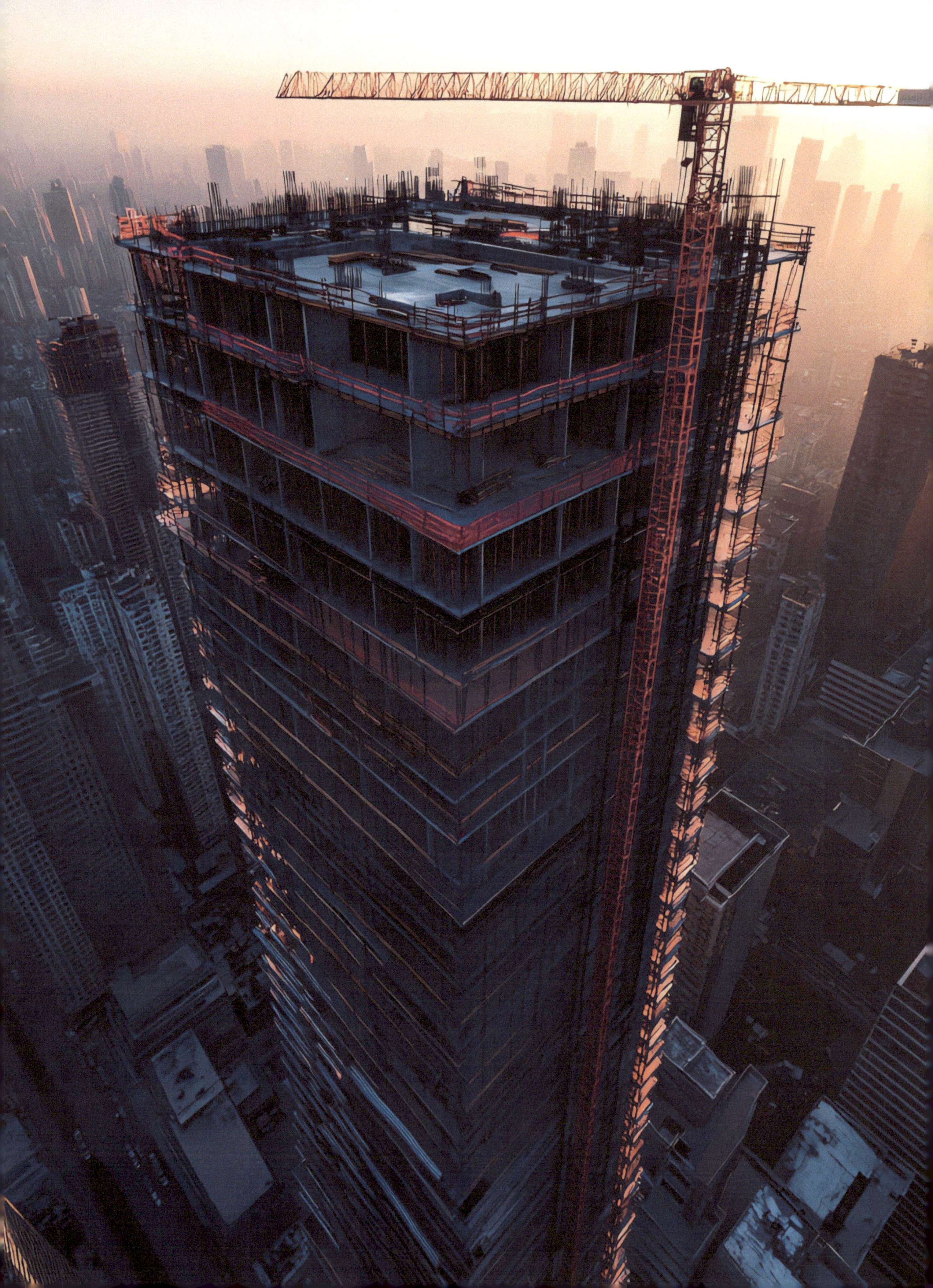

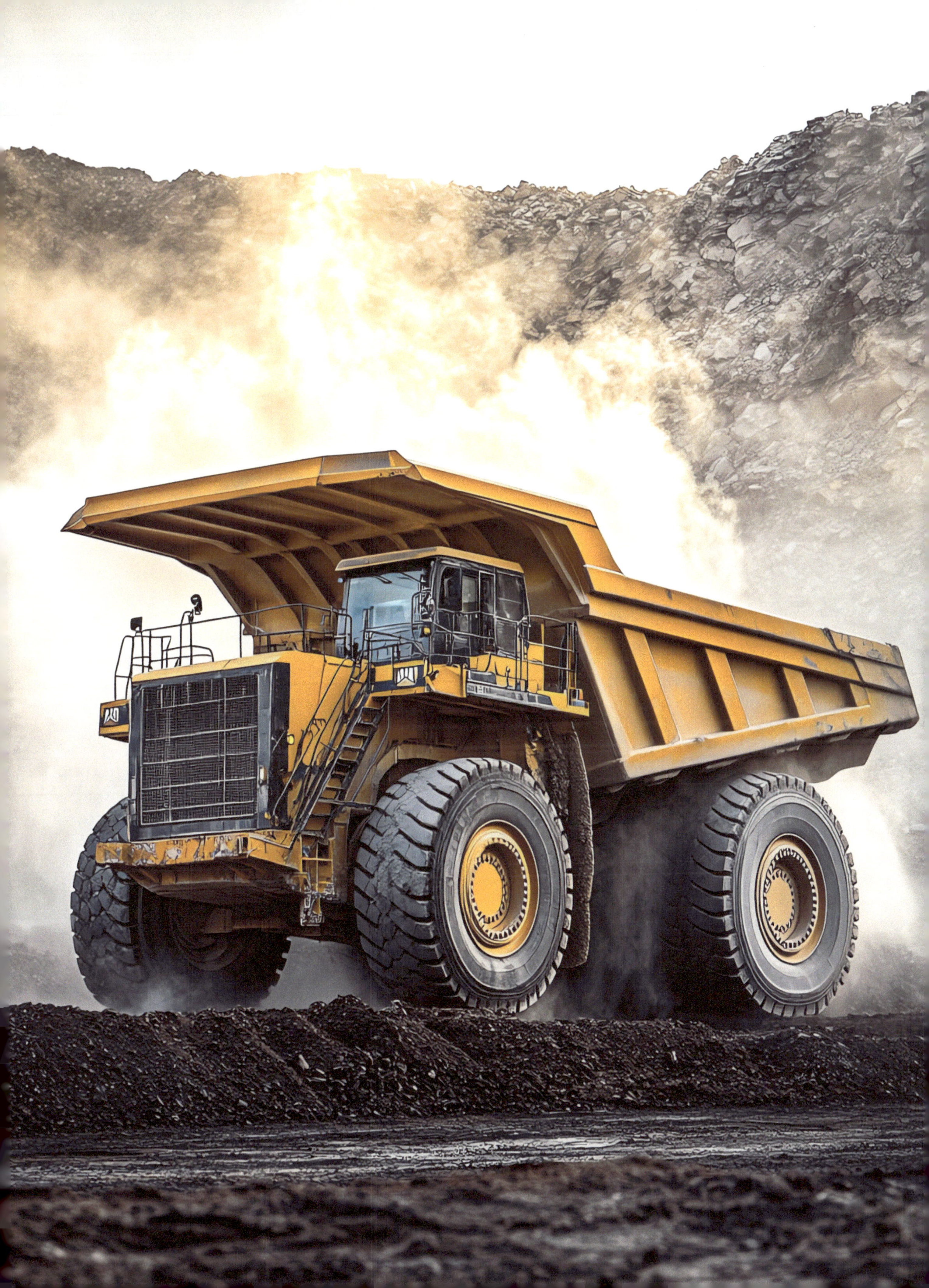

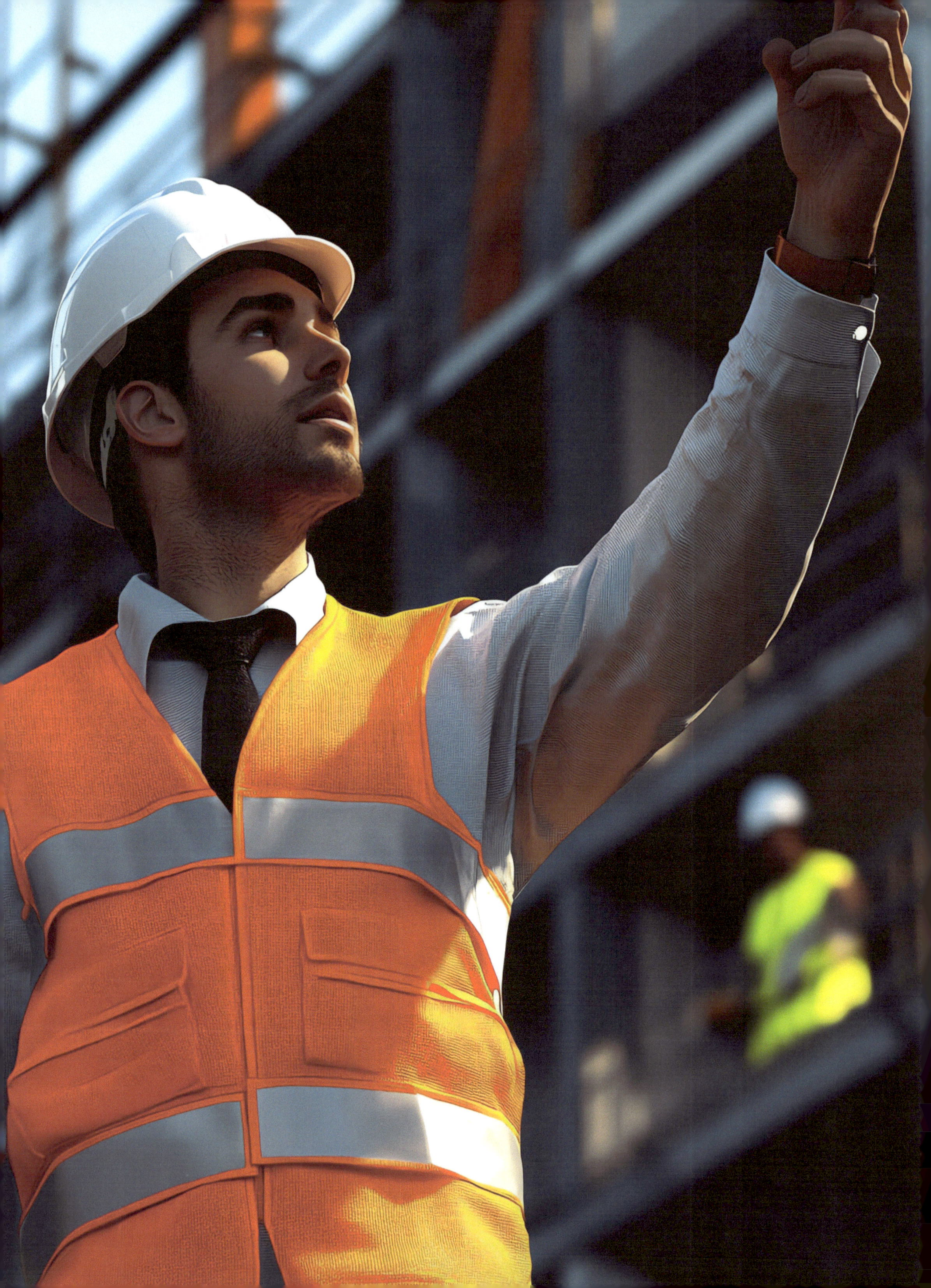